元「童話屋」読書相談員・向井惇子講演録

「どの絵本読んだらいいですか？」

向井ゆか 編

かもがわ出版

『ちいさな ヒッポ』 偕成社

上・表紙を開いたところ

中・見開き

下・トビラの前のページ

《本文 29p ～参照》

『アンガスとあひる』 福音館書店

《本文 40p 〜》

『どろんこハリー』 福音館書店

《本文 45p 〜》

『あおい目のこねこ』 福音館書店

《本文 48p 〜》

『くんちゃんのだいりょこう』 岩波書店

《本文 53p 〜》

次ページ

『こねこのぴっち』 岩波書店

『ひとまねこざる』 岩波書店

『ちいさい おうち』 岩波書店

《本文 55p 〜》

ちいさいおうち
ばーじにあ・りー・ばーとん ぶんとえ
いしいももこ やく

大型絵本
ひとまねこざる
H.A.レイ文,絵 光吉夏弥訳
岩波書店

こねこのぴっち

『ロバのシルベスターとまほうの小石』　評論社
《本文 66p 〜》
『おおきなかぶ』　福音館書店
《本文 73p 〜》

はじめに

向井ゆか

私の母、向井惇子《あつこ》（一九三一―二〇一七）と子どもの本の関わりは、結婚前に、ＮＨＫ函館放送局放送部でラジオのお話のお姉さんとして朗読を担当していたころから始まりました。子育て中は、精力的に勉強会などに参加して絵本の知識を深め、一九七七年には東京・渋谷に開店した「童話屋」に創業スタッフ・読書相談員として迎えられます。「童話屋」は、「ほんとの子どもと大きくなった子どものための本屋」として本棚・照明までこだわって作られたお店で、店内には原画が展示され、素材などが吟味された手作りのおもちゃコーナーもありました。母のような読書相談員たちが長時間かけて図書館に通い、読み比べて選択した約六〇〇〇タイトルの本が書棚に並べられ、在庫数は二万冊であったと聞いております。横浜の「たまプラーザ童話屋」を含め、約二〇年間本に触れ、本に関心のある方たちと関わって働いたあとは、フリーの絵本アドバイザーとして、亡くなる三日前まで講演会や勉強会の講師を務めてまいりました。

勉強会といえど本を紹介するだけにとどまらず、子どもの本をもっと知りたいと集まって来てくださった新米ママや保育士、司書の方、図書ボランティアや家庭文庫をなさっている方たちと、子育ての話から社会情勢に至るまでの話をする集まりでもありました。講演記録である本書も、近所の本好きのおばさんのところにお茶を飲みに来たような気持ちになってお読みくだされば、母の気さくなしゃべり言葉のよさを味わっていただけるかと思います。

絵本というと「かわいい」「やさしい」イメージが強く、子どもの読書についても「ただたくさんの本を読めばいい」と思われがちではないでしょうか。本書ではこのような観念から一歩進んだ母なりの子どもと本についての考え方が展開されています。

「どの本読んだらいいですか?」「なにかおすすめの本ありますか?」は童話屋時代にお客さまがよくおっしゃった言葉だそうです。私の母がこれからお答えいたしますね。

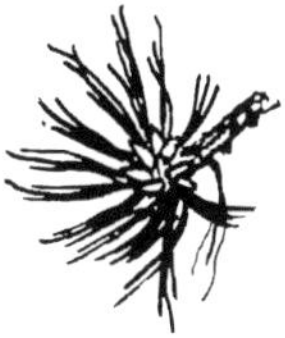

「どの絵本読んだらいいですか?」

元「童話屋」読書相談員・向井惇子講演録

目次

初出

平成十五（二〇〇三）年に東京都目黒区立東山社会教育館が企画した講座「子育てに絵本を」（全三回講座）のうち、第一回目と第三回目の講師を務められた向井惇子さんの講演「子育てに絵本を――豊かな心を育むために」の記録を底本にし、再編しています。

第一回　成長に寄り添った絵本選び……二〇〇三年十一月七日（金）収録

第三回　よりよい読み聞かせのための、よりよい絵本選び……二〇〇三年十一月二十一日（金）収録

（採録・東山絵本勉強会）

「どの絵本読んだらいいですか？」

元「童話屋」読書相談員・向井惇子講演録

タイトル文字　萱谷恵子
装　画　向井ゆか
装　幀　浅井充志

1　子どもの成長に寄り添った絵本選び

はじめまして。向井でございます。

今回、この講座開講にあたって、企画準備委員の方が、お手元にあるリストの絵本一〇〇冊をここに用意してくださいました。いちばん端の四冊（リストNo.97～100）を除いて、ここにあるのは、全部、子どものために書かれた絵本です。

これらの本を見て、子どもを育てあげた方には「懐かしい本だわ」っておっしゃる方が多いと思うのですが、いま、子育て真っ最中のお父さんお母さんにとっては、自分が小さいときにごらんになった本以外は、あまり馴染みがないんじゃないかと思うんですね。

たぶん、みなさんが図書館に行って絵本を探したとき、または、子どもに本を買いたいと思って書店で本を探したとき、いまここに並んでいる本の印象とはかなり違うんじゃないかな、と思うんです。ここに並べられた絵本をごらんになって、どんな印象を受けられましたか。時間があれば、それもうかがいたいなとも思っております。

今回の講座には、「子育てに絵本を」という大きな題と、「豊かな心を育むために」という副題がついております。

みなさんは、子どもさんが生まれて、初乳のときからおっぱいを与え、それが足りなければミルクを飲ませ、少し大きくなったら離乳食をと、子どもが大きくなるにしたがって、食べるものに関しては、かなり考えてこられたのではないかと思います。農薬のないものをとか、季節の食べ物をとか、既製品はよくないんじゃないかとか、いまのお父さんお母さん方は、だいぶん熱心に考えるようになりました。そして、手をかければかけただけ、食べれば食べただけ、むくむく大きくなってくれる。やったことの効果が、子どもの成長・発育となって目に見えてわかるから、親も一所懸命励《はげ》みますし、嬉しくなります。

けれども、子どもは、といいますか、生きているものはみんな、体と同時に心も育っているんですね。ところが、心の成長というのは、目に見えないんです。数値で計れないんですね。なかなかわかりにくいものなんです。

実は、心というものは、食べ物と同じように、お母さんや子どもの周りにいる大人の関わり方によって、日々、いろんなふうに成長しているんです。そばにいるお母さんは、子どもの心の成長について、だいたいの見当はついているんだけれど、それでもなかなか見えにくい。だから、それがほとんど手に負えないくらいの結果になったとき、はじめてあわててしまう……。そのことは、いま、社会的にもいろいろな問題が起きているので、おわかりかと思います。

そんなふうになる前に、「生まれておっぱいを飲み、離乳食を食べているときの時代に、心の根っこが育まれている」ということを考えていただきたいなと思うんです。

赤ちゃんの体に触れる、言葉でも触れる

ここに新聞記事を持ってきました。今年（二〇〇三年）の十月十日、ちょうどひと月前、朝日新聞の家庭面に出ていた記事です。タイトルに『あかちゃん笑っていますか？』とあります。「このごろの赤ちゃんは、あやしても笑わなくなった」という内容です。

でもね、たまたま今年の十月にこんな大きな記事になって出ていたんですが、このことは、だいぶん前から言われていたことなんです。「あやしても赤ちゃんが反応しない」「呼びかけても反応しない」「笑わない」という問題に対する警鐘は、以前から社会的に鳴らされていたんです。私が覚えているかぎり、私が書店にいたときですから、もう十五年も前から、大きな声で言われていました。

それが十五年たっても改善されないで、まだこういう大きな記事になるということは、そういう子どもが依然として増え続けている、ということ。それは、社会現象を見ればよくわかることだと思います。

なぜこうなっちゃったのかということは、この記事にも書いてあるんですが、それは、子どもの周りにいる人間が少なくなったということと、周りにいる人たちが子どもに働きかけることをしなくなった、ということなんですね。

まず、いまは核家族が多い、ということがあります。

核家族で、子どもと二人きりでいると、お母さんはくたびれちゃいますよ。そうすると、お母さんは、子どもに話しかけなくなっちゃう。昔は大家族でしたから、お母さんが台所に立っていると、誰かが赤ちゃんをあやすし、抱っこするし、抱いて出れば、隣のおばさんでも、買い物に行けばお店のおじさんでも、必ず子どもに声をかけてくれる。あやしたりもしてくれました。ほっぺたをちょっとつついたり、「アワワ」と言ってくれたり、「大きくなったね、いくつになったの」とか「男の子？　女の子？」と言いながら、お母さんの顔を見るより、赤ちゃんの顔を見て話しかけてくれました。周りの大人は、赤ちゃんを見ると、そういう働きかけをしてくれました。

ところが最近は、周りの大人が赤ちゃんに働きかける機会がとても少なくなってしまいました。

赤ちゃんは働きかけられればかけられるほど、それが刺激となって、いろいろな能力を発達させていきます。それに、ふつう赤ちゃんに働きかけてくれる大人の言葉や態度って、怒鳴ったり怖い顔をしたり、ということはないでしょ。たいてい赤ちゃんと接するときって、大人だって無心になって、精いっぱいサービスした声で赤ちゃんに働きかけるじゃないですか。そういうふうに働きかけられることで、子どもは「ああ、気持ちいい」って思いますよ。ニコニコして、優しい言葉をいい雰囲気で働きかけられたんですから……。

赤ちゃんにとって、とても心地よくて安心できるということは、働きかけた人たちに対して、心を開いているということです。おおげさに言えば、「わたしが生まれ出た社会というのは、こんなに心地いいものなんだ」っていうふうに認識することだと思います。

そうして、赤ちゃんは、声をかけられることを楽しみにする。声をかけられたら、反応したくなる。自分で声を出せるようになれば、大人の働きかけに対して、「アババ」って言ったり、ケタケタって笑ったり……。赤ちゃんが笑うと、声をかけた人も嬉しいものですから、もっと笑わせようと思って、さらに、いろんなことをする。そうするとまたいっそう喜ぶ、そしてまた大人が笑わせる、ということがありますよね。そういうことがふつうにあったんです、以前は。

ところが、いまは、それが少なくなっているということなんです。だから、みなさん、赤ちゃんにたくさん声をかけてあげてくださいね。

お家でも、おむつを取り替えるとき、「あら、こんなに濡れちゃって。かわいそうに、ごめんね、いま取り替えてあげるからね」「すっぽんぽんになると気持ちいいでしょう。はい、のびのびー」って言って、お腹と足をなでてあげるとか、外に出たら、「いいお天気ね。でもまぶしいわね」「あそこに赤いお花が咲いてるわよ。きれいね」ってしゃべりかけるの。そういうことが恥ずかしいとか、ひとり言を言っているのがバカみたいなんて思わないで、話しかけてほしいんです。

おしゃべりじゃなくても、寝るときに子守唄を歌ってあげたり、洗濯物をたたみながら、脇にいる赤ちゃんに「いないいないばあ」って言ってあげたり、遊ばせ唄もいっぱいありますよね。「ここは、とうちゃん、にんどころ」って顔を触ってあげるとか。そういうふうに、いっぱい子どもの体に触れる、言葉でも触れる……。これは、子どもの心に触れている、っていうことなんですよ。

そうしているうちに、「言葉をかけられるということは、とても嬉しいことなんだ」「言葉というものは、とても楽しいものなんだ」ということを、子どもは認識していきます。子どもがそう感じるのは、子守唄だったり、わらべ唄だったり、自分をとてもいい気持ちにしてくれるいろいろな言葉です。

やがて、「マンマ」と要求したら食べたいものを出してくれる、という実利的なものになって、言葉の獲得に繋がっていくんですね。

それからね、子どもがハイハイするころになると、新しいことをしたとき、お母さんに「見て見て！」っていう仕草をよくするでしょう？　お母さんの膝から離れて、ちょっと這っていってから、お母さん見てるかな？って顔をして、後ろを振り向きますよね。そのときお母さんが「じょうずじょうず」って言ったり、お父さんが「どれどれ」って追いかけたりすると、笑いながらまた這っていって、少し先でまたキュッと振り返ったりするでしょう？

そんなやりとりをすることで、子どもは大人に見守られている安心感と心地よさを感じています。そして、そのときの子どもの心の中には、「嬉しさ」や「楽しさ」の感情とともに、言葉が蓄積されているんですよ。

（編注：向井さんがおすすめしていた本は、『わらべうた――日本の伝承童謡――』町田嘉章・浅野建二編　岩波書店／『「わらべうた」で子育て　入門編』阿部ヤヱ　平野恵理子絵　福音館書店　などです）

赤ちゃんに必要なのは、本ではありません

いままで申し上げたような、そういう積み重ねがあって、それから絵本に入っていってほしいんです。心の発達には絵本がいいんだからと、「赤ちゃんのときから絵本を揃えて、絵本を見せましょう」って、そんなふうに思わないでほしいんです。

でも、いま、社会的な状況が、そういうふうになっていますよね。

赤ちゃんが生まれると、本をプレゼントしてくれる自治体もあります。本に対する興味を小さいころから持ってもらって、やがては大きくなって本好きの子になってほしい、という願いもあって、「赤ちゃんのときから絵本を」という運動が、いま全国的に広がっていますね。

ですが、極端なことを言います。

赤ちゃんに、本は必要ありません。

というのは、さっき言った理由からです。ああいう積み重ねのあったあとで、子どもは「言葉には意味があるんだ」「言葉というものは、なにかを表現できるものなんだ」

そして、それから、自分にかけられる言葉は「とても楽しいものなんだ」ということがだんだんわかってきて、生まれて一年経ち、一年半経ちするうちに、この世の中のことを子どもなりに少しずつ理解していきます。

そうなった年ごろ、だいたい二歳過ぎでいいと思うんです。絵本を読み始めるのは。もちろん、本を揃えるのはもっと早くからでもかまわないとは思います。けれども、子どもがほんとうに、「本を、本として楽しめるようになる」には、それだけの準備段階が必要、ということなんです。

本を読んであげるタイミング

そうして、そういう準備ができた二歳過ぎになったときに、周りの大人が子どもの様子を見て、絵本を読んであげてほしいんです。

このとき大切なのは、子どものリズムに合わせることとなんですね。「本というものならなんでも子どもの成長にいいんだから」といって、子どもの興味とか、ご機嫌とか、生活のリズムというものをまったく無視して、押さえつけてみせたところで、子どもは本嫌いになるだけです。

絵本を読んであげるタイミングというのは、生活のなかで、ふっと落ち着いたようなときですね。たとえば、寝る前のちょっとしたひととき。雨が降って、なかなか外に連れ出せないようなとき。それから遊びが終わって、おやつを食べ終わったとき。そういうときを見計らって、親御さんが子どもさんを膝の上に抱いてあげて、一緒にページをめくっていく……。

子どもと絵本との出会いは、そんな感じであってほしいと思っています。はじめのうち、子どもは、本がなんなのかわからないでしょう。でも、ページをめくるごとになんだか違う絵が出てくる。その刺激だけで、子どもは「へえー、なんだろ、これ」と思って見ています。でも、はじめのうちは、大人が思うように「本を一ページずつじーっと見て、読んでくれる人の言葉をじーっと聞いて、次のページを楽しむ」……というふうには楽しまないと思います。パッパ、パッパとめくるのが楽しいとか、なめるのが楽しいとか……。それが、子どもにとってのいちばんはじめの絵本かもしれません。でも、そこであきらめないでほしいの。

さきほど申し上げたような機会をつかんで、お父さんやお母さんが優しい声で、ゆったりと落ちついて、子どもの興味のリズムに合わせて、本を何回か読んであげると、「あ、そうだそうだ。この声は気持ちがいいんだ。お父さんやお母さんから出てくる言葉というのは、なにか意味があるんだ」と思うようになります。

そして、そこに繰り広げられる絵がとても美しくて、それが言葉と連動した絵であるならば、「あ、これに意味があるんだ」と認識していきます。そうして、言葉を聞きながら、その絵を見る。聞いている言葉と見ている絵に「関係があるんだ」ということもわかってきますよね。

子どもは何回も何回も読んでいるうちに、それがもっとよくわかってきて楽しむようになってきます。お気に入りの本になると、その本のなかの、あるページが気に入って、「早くそこが見たい」「そこのページをずっと見ていたい」ということもあるの。たとえば、車が好きだから、ページをすっとばして車のでてくるところに早くいきたいとか、あのページには自分の気に入った音や言葉があって、自分も一緒に口にして、楽しめるから、早くそこにいきたいとか。

「うちの子は、どんどんページをめくるだけで、最初から聞いてくれないんです」という相談を受けることがあります。はじめから見せようと思う方もいらっしゃるかもしれませんが、そういう時期、子どもには必ずありますよ。子どもの楽しみ方っていろいろなの。それに、三歳くらいの子どもが本に書いてある言葉を言ってくれると、嬉しいじゃない？「よく言えたね」ってほめてあげると、子どももおうむ返しにまた言ったりして、そうすると、もっと嬉しくなっちゃって、またその言葉を子どもとやりとりしますよね。

そういうやりとりをくり返していくうちに、子どもは言葉を覚えていき、段階を追って、本を楽しめるようになっていきます。

いくつからでも楽しめる読書体験

そして、もうひとつ申し上げたいことがあります。

そのころから、子どもはだんだんと本に出会っていくわけですが、本を読み進めるための一応の目安として、お配りしたリスト順にこの場に本を並べました。（リストNo.1→96・参照／巻末資料）

もちろん、厳密にこの順序で読んでいかなくてはいけない、ということではありません。子どもには個性がありますから、少しくらい差し替えていただいても、いっこうにかまわないんです。

二歳ごろからここにある本を順々に読んでいけば、だいたい五歳くらいになると、このあたり（リストNo.80〜90前後）の本も理解できるようになると思うんですけれど、「これまで本に縁遠かったので、うちの子は、このあたりの本はよくわからないんです」という相談を受けることがよくあります。たとえば、五歳になるまで、テレビやアニメを楽しんで、本を落ち着いて見てこなかったとか、本は見ていたけれど、キャラクター本のようなものにだけ親しんで、ここに並んでいるような本とはちょっと縁遠かったという子の場合です。

そういうときは、どうするかっていうと、リストのはじめから読んでいけばいいんです。

「うちの子はもう年齢的に通り過ぎてしまったから、これらの本はもうダメだわ」って絶対に思わないでほしいんです。読んでいない子であれば、このへん（リストNo.1〜10）から読み始めてあげたらいいんです。たとえば、リストNo.1の『おおきなかぶ』。それから『ねずみのいえさがし』という題で始まる、ネズミが主人公の写真絵本のシリーズ（リストNo.6〜8）があります。それに『せきたんやのくまさん』（リストNo.27）、『ぐりとぐら』（リストNo.45）、とか。

これらのお話は、非常に単純です。単純ですが、子どものごきげん取りをしている内容じゃありません。ですから、五歳の子に読んでも、七歳の子に読んでも、それから極端なことをいうと、小学校五、六年の子に読んであげても、子どもたちはバカにされたなんて決して思わないの。表紙の裏に「小さい年齢の子向き」と書いてあっても、これらの本がバカバカしいとか、もう通り過ぎた本だとか、これは赤ちゃんの本だとか、そんなことは決して思いません。むしろ、ケタケタ笑って楽しんでいるんですよ。なぜかというと、これらの本は、内容が非常にしっかりしている本だからです。

だから、これまで本に縁遠かった五歳の子が、これらの本を最初から読み始めれば、あっという間に追いつきます。七歳になっていてもそうです。小学校の低学年を過ぎていても、そうです。

それでね、今回、講座の依頼があったとき、「子どもが、最初に出会う本から、小学校低学年までに向く本を紹介してほしい」ということだったんですが、ここでひとつ申し上げておきたいことがあります。

子どもが低学年にもなれば、「自分で本を読みなさい」「もう読んであげる時期は過ぎたのよ」なんておっしゃる方が多いのですが、本を読んでもらうのって、いくつになっても楽しいの。歳をとっても楽しいものなのよ。だから、子どもが小学生になっていても、ぜひ読んであげてください。

それから、もうひとつ、お伝えしたいことがあります。

「物の本」って知っていますか？　たとえば、スプーンの絵がひとつ描いてあって、その横に「スプーン」って書いてあるの。あと、猫の絵があって、「ねこ」とか「にゃあ、にゃあ」ってだけ書いてあるの。そういうのを「認識絵本」といいます。いま、「あかちゃんの絵本」として、たくさんの認識絵本が本屋さんに並んでいます。子どもがその絵本を見て、「スプーン」なんて言ったら、親が「この子はスプーンの形とその言葉を覚えたわ」と、それを喜びとする本ですね。でも、それって、本を使わなくても、現物を見て、触って、質感を感じて、総合的に覚えていけばいいことじゃないですか。

本というのは、人間がずっと昔から文化を伝えてきた印刷物です。本という印刷物が、そういう単純なものを伝えるだけのものではないはずでしょ。

いまでもよく子どもの読書の進め方について、「認識絵本から始めて、だんだん言葉の多くなる絵本に入り、お話の複雑な絵本に入り、次にひらがなの文字が大きく書かれた本を選んで、それから小さな活字の本を選び、だんだんページ数の多い、分厚い本を読むようにする。それが読書の順序である」とおっしゃる方がいらっしゃるんですけれど、決してそんなことはありません。リストの順番をごらんになっていただくとわかるのですが、ところどころに文字ばかりの本が入っています。

もうこのあたり（リストNo.50）で『木はえらい』があります。これは岩波の少年文庫に入っている詩の本です。文字ばっかりの本です。でも、小学校に入るころ、幼稚園の年長さんくらいになれば、大人が読んであげると、こういう本も楽しめるんですよ。もっと字が小さくて、絵のないお話の本だって、大人が読んであげれば、ちゃんと楽しめます。

本は、内容で選ぶものなんですから。

ただ、最初にも申しましたが、このリスト順に読まなければならないということでは決してありません。子どもの成長やリズムに合わせて、内容のしっかりした本を、そのつど、選んで読んであげてほしいと思います。

こんなことばっかり聞いていても退屈でしょ。本、読みましょ。

『三びきのやぎのがらがらどん』（リストNo.23）はご存知の方が多いと思います。これは、一九五七年に出ていますからたいへん古い本です。アメリカのマーシャ・ブラウンという図書館員だった女性が北欧民話に絵を描いた本ですね。日本ではずいぶん早くから（一九六五年）、福音館書店が紹介しています。ですから、ここにいるみなさんが生まれる前から日本で出版されていた本なんじゃないかと思うんです。これは、小さい子を励《はげ》ましてくれて、小さい子がワクワク、ドキドキして楽しめる本です。

そして、マーシャ・ブラウンの絵本のなかの一冊に、『ちいさな ヒッポ』（リストNo.13）という本があります。これは偕成社から出ています。

絵本というと、みなさんは、どうしても子どもたちに読む立場じゃない？ 子どもたちに読む立場でいると、一所懸命、活字を目で追って見ているんです。そうすると、せっかくの絵を一〇〇％楽しむということには、なかなかならないんです。絵の方をチラッと見ながらも、大人が一所懸命追っているのは、字なんですよ。だけど、子どもは、字の言葉を耳で聞きながら、ここに語られていることを、絵で見ているんですよね。子どもたちは、「こう言っていることは、このことなんだな」とか「こういうふうに説明されていることは、こういうふうな場面で起こっている事件なんだ」というようなことを感じながら、しっかり見ているわけです。だから、大人が見ているものと、ちょっと違うでしょ。子どものほうが一〇〇%絵本を楽しんでいるわけです。

そういう経験を、ぜひここで、いま、みなさんにしてほしいの。そうすると、「あぁ、子どもって、絵本をこういうふうに楽しんでいるんだな」ということがわかると思いますよ。

では、これから、みなさんに見ていただきたいと思います。

信頼できるおとなと過ごす安心感　『ちいさな ヒッポ』

『ちいさな ヒッポ』。

これ表紙ですね。

こうやって（本を広げ、表紙と裏表紙を一枚絵として掲げる。次ページ参照）見ると、絵の印象は

全然違うでしょ。そして、表紙をめくる（見返しを見せる）と、こういう場面が描かれています。ここ、字がないでしょ。大人は、字がないところは、用事がないの。だから絵をよく見ないで、パッパ、パッパとめくっていっちゃう。表紙をめくっても、まだ字がない。次をめくって（タイトルが出てくる）「あ、やっと字があった！」って、大人は、ここでようやくホッとするのね。

ところが、子どもは字を読めないぶん、神様ってほんとによくしたものだと思いますけれど、字がないぶん、こういうところも、よーく見ています。そしてこれを楽しんでいます。

見てください。（見返しを見せる）

これ、自然のなかにいるカバの様子です。動物園にいるのと違います。この点々とした黒いのは、水の中に沈

サーモンピンクの美しい色調で表現された見返しの絵

カバが顔を出した瞬間を、タイトル直前のページで表現

んで目だけ出しているカバの姿です。カバというのは、水辺に住んでいますから、当然、そこに住んでいる他の動物の姿もちゃんと描かれています。これ、なんだかわかります？　日本ではあまり見ることのない草ですね。あと、ここにいる四羽の鳥は、全部違う姿で描かれています。

　見返しをめくった次のページ（タイトルページの前）で、カバは、少ーし顔を出しました。

『ちいさな ヒッポ』
　マーシャ＝ブラウン さく　うちだりさこ やく　偕成社

「さあ　しっかり　つかまって　ヒッポ。」
川べの　パピルスのしげみで　うまれたときから、
ヒッポは　おかあさんの　そばを
はなれたことが　ありません……　（読み聞かせする）

いかがですか？
これは、このリストでも何冊目かに出会う本なのですが、これ、はじめて見た方いらっしゃいます？（三十人のうち半数ほどが手をあげる）

どうですか。なんでも思うことがあったら、聞かせてください。内容のことでも、絵のことでもけっこうです。これまで、子どもさんと見てきた本との違いとか。どうですか。

◇受講者A

「絵本はとても好きで、娘とよく本屋さんにでかけるのですが、この本は出会ったことがなく、いつも本屋さんのオススメ本とか、派手な子ども好きのするキャラクターといったらなんですが、そういったものに心を奪われて、そちらのほうをつい手に取ってしまうという状態でした。いま読んでいただいて、ほんとうにいい本だなと思いました。こういう機会に、いい本を紹介していただけてありがたいなと思いました。娘もきっと大好きになる本だと思います」

はい。まず、一時期「絵本というものは、お話が書いてなくても絵をめくっていけばお話がわかるものよ。だから、絵が大事なのよ。『絵、本』というくらいなのだから」

という言い方が、わりと広くされていたと思うんです。たしかに、絵だけでもなにかを語ってはいるのですが、そこで『なにを』語っているのか」ということが、とても大事なんです。つまり、お話が大事。たとえ絵本でも、まずお話が大事なんです。『ちいさな ヒッポ』は、子どものカバのお話ですよね。これは動物園に飼われているカバではなくて、自然のなかにいるカバが成長していく話ですね。

人間の子どもの成長とちゃんと重なるでしょう？

「うまれたときから　おかあさんのそばを　はなれたことがありません」と書いてあります。一〇〇％お母さんの保護の下にいるわけです。だけど、ずっとお母さんのそばで一生過ごすわけにはいかない、いずれ自立していかなければいけないわけですよね。だから、お母さんたちが寝ているときに、ひとりで水の上に出て行こうとしました。

それから、言葉を覚えていくということも、このなかに、ちゃんと書かれていました。言葉を覚えれば、言葉を使って、他の人とコミュニケーションできるわけですね。それで、いろんな人とコミュニケーションしたでしょう。シマウマともしたし、自分と同じカバの子ともした。それから年寄りの水牛にも声をかけた。けれども自分が声をかけたら、みんな同じように声をかけ返してくれるわけじゃない。世の中にはいろんな人がいるということを知る。年寄りの水牛みたいに、ちょっと難しい顔をしたおじさんだっているわけです。そういう人だって世の中にはいるし、自分と同じような小さいカバだっているし、ちょっと毛並みの変わった、水の中に入ることができないシマウマもいる。コミュニケーションができれば、こうやって世の中が広がっていくわけですよね。

ところが、自分の力で、世の中に出て行く第一歩になるはずだったのに、ワニに襲《おそ》われるという、恐ろしいことになっちゃった。これは、人間が生きている社会と同じでしょ。カバの子どもの成長を語っているけれども、人間の子どもの成長と重なるでしょ。

この小さいカバには、恐ろしいワニという危険から逃れる力はないわけです。で、そのとき、どうするの？　この子が持っている唯一の武器は、お母さんから習った「グァオ！　たすけて！」って言うこと。それを使って、お母さんを呼んだら……、お母さん頼りになるじゃないですか。とにかくなにがあろうと、子どもの危機にはかけつけてくれるわけです。そして、自分を助けてくれた、というふうにお話が終わっていますよね。

この本を読んだ子どもは、お母さんを含めた社会というものの認識を体得できるわけです。「社会にはいろんな人がいるんだ。危険も世の中にはあるんだ。自分はまだ力の弱い存在だけれども、なにかのときには、お母さんがこうやって助けにきてくれるんだ」と。

そして、この本には、お母さんに対する全面的な信頼感まで描かれていますよね。ヒッポと同じ気持ちを、子どもたちは体験するわけです。「お母さんというのは、やっぱり頼りになるんだな。それに、隣のおばちゃんと八百屋のおじちゃんとパン屋のお姉さんとでは違うな」って、子どもなりにひそやかに社会を感ずることができるんです。

このお話にはウソは書かれていないでしょ。カバが昼間は水の中でトロトロと過ごして、夜になると草地へ行くというのも、自然のなかでのカバの生態そのままです。カバというのは、集団で暮らします。科学の本ではないのに、カバの生態が子どもにもわかっちゃう。

それと、このお話を語っているマーシャ・ブラウンの絵の美しさ。ここ（見返し）を含めて見てください。この絵は、木版画です。木版画ですが、日本の浮世絵と違って、板目木版といって、木目をとっても上手に使った描き方をしているでしょ。

他の絵本と比べていただくとわかるんですけどね。水の中にいる動物を描いたり、カバを主人公にしたような絵本を見ると、水の中は、ただペラーッと水色で塗っているような絵が多いんです。でも、これは水の状況の変化もちゃんと描き分けているでしょ。木目を使って。水の外に出ているところとの違いも、描き分けられています。

それから、ここに描かれている草の名前も、お話を読めばもうわかりましたよね。パピルスだっていうことが。パピルスという言葉は、子どもはまだ認識もしていないでしょうけど、「人類がいちばんはじめに発明した紙のかわりに使っていた植物です」なんていうことを、学校の歴史の時間にエジプトのところで教えられますよね。そのとき「パピルス、知ってる！」なんて言う子どもたち。ね、嬉しいじゃないですか。これ、勉強の本じゃないの。でも、そういうことがきちんと描かれているんです。

それと、ワニの表現。ギザギザとした恐ろしげな様子。それに対して、カバのツルンとしたボリューム感。それも絵でちゃんと表現されているでしょ。

子どもの本ですが、単にカバらしく描いただけのいいかげんな絵であったり、大きな口をあーんとあいて、目がニコッと笑っているような絵じゃないですよね。こういう本物を描いている本を、子どもが自然に手に取って、ふつうに見ているということ。これは、大事なことですよね。

自然に対して、美しいと思うことはいったいどういうことなのか、カバとはどういう生き物なのかということを、この絵本のなかから、子どもは学び取り、感じ取っているわけですね。たった一冊の絵本のなかに、これだけのことが盛り込まれているわけです。

そして、ここに書かれている言葉は、「かわいいヒッポちゃん」のような子どもにおもねるような言葉使いではない。流行語も使っていない。いまどきの本は、子どもが喜ぶからという理由で、流行語を使ってお話を作ることがけっこうあるんだけれど、そういう流行語は、この本にはまったくないでしょ。きちんとした日本語で書かれているから、この本は何十年たっても通用するわけです。そして、これは、カバを描きながらも、人間を語っていますよね。そこが大事ですよね。

『ちいさな　ヒッポ』
マーシャ＝ブラウン さく　うちだりさこ やく
偕成社

生まれたときからお母さんのそばですごすヒッポは、怖いものしらず。ある日、ひとりで水面に出ていったヒッポにワニが近づいてきます。ワニにしっぽをかまれ、絶体絶命のヒッポ。けれどもお母さんから教わった言葉を使って「グァオ！　助けて！」とヒッポが叫ぶと、お母さんはすぐさま起き上がり、勇ましくワニを撃退します。お母さんからお小言をもらったヒッポの返事は「グァオ、お母さん！」でした。

冒険をしながら少しずつ世界を広げていく　『アンガスとあひる』

それから、もうひとつ。これも、わりと初期のころに見ていただきたい本です。

『アンガスとあひる』。（リストNo.14）

これも、ものすごく古い本です。この本が作られたのは、一九三〇年ですから、みなさんが生まれる前でしょ。だからといって内容は古いでしょうか？　読んでみますから、みなさん、どうお感じになられたか教えてください。

表紙を見ると、アンガスというのは、なんだかわからないけれど、どうやらこの犬らしい。そして見返しには、いろんな姿をしたアヒルの絵が、いっぱい描かれていますね。

（読み聞かせする）

いかがでしたか。

さて、知りたがりやのアンガスは、わからないものの正体を確かめることができましたが、それと同時に怖い思いもしました。

ヒッポの場合は、お母さんに助けを求めましたが、アンガスはどうしたでしょう。自分がいつもいられる安心できる場所に逃げ帰ったわけです。これ、大事なことでしょう。子どもが危険にあったときに、安心して助けを求められる相手がいるということ。それから、自分が怖い目に遭ったときや、疲れたとき、おなかがすいたとき、自分が安心していられるあたたかい場所があるということ。これは、子どもが子どもとしていられる基本ですよね。

そして、最後のページ。

アンガスは、「三分間だけ、もう新しいことはなにも知らなくていい」と思ったの。じゃあ、五分後のアンガスは？　と思いませんか？　アンガスにはまだ生活がずっと続くわけです。こうやって、少しずつ少しずつ自分の体験を増やしていって、自分自身の生きる力をつけていくわけです。

これも、犬のことを描いているけれど、人間のことですよね。

それから、冒頭に、この犬のことを「スコッチテリア」と書いてありました。スコッチテリアというのは、背が低くて、足が短くて、頭が大きいの。足が短いから、高い垣根を飛び越すことはできない。アンガスの持っている条件でできる可能性というのは、限界があるわけです。遠くまで走ることもできないし、飛び越えることもできない。じゃ、あきらめるかっていうと違う。ちゃんと知恵があって、もぐりこんで向こうへ行けばいいんじゃないかって思いつく。なんて賢いんでしょうね。子どもにはこのくらいの知恵があります。これは、犬のことを描いていながら、やっぱり子どもの成長のことを描いていますよね。

それから、脇道にそれる話ですが、ここに二羽のアヒルが描かれていますね。これ、ちゃんとオスメスを描き分けているのよ。カモ族なので、カモのことを知っていれば、わかります。違いは、わかりますか？　子どもなら、すぐ見つけられますよ。あのね、尻尾の方に、ちょっとまくれ上がった羽毛があるでしょ。これがオスなんですって。これ、カモもそうなんですよ。『かもさんおとおり』というロバート・マックロスキーさんの絵本が福音館書店から出ています。マックロスキーさん、残念なんですが、今年

（二〇〇三年）亡くなられてしまいました。あの方も、カモのオスメスを絵本のなかでちゃんと描き分けていらっしゃいました。

「たかが子どもの本」という言い方やものの見方がありますよね。その考え方で絵本を作ると、「なんとなく首が長くて、数字の『2』のように描けばアヒルに見える」なんていう感覚で作られてしまう。

だけど、アヒルの生態を知り、何回も写生をし、あっち向いたところ、こっちを向いたところと、そういうのをいっぱい写生して、デッサンの基本をちゃんと持ち合わせた絵描きさんによって描かれた絵本とそうでない絵本とでは、まったく違いますよね。その点、マージョリー・フラックのこの絵本は、しっかりと描かれた本です。

『アンガスとあひる』には、同じシリーズで『アンガスとねこ』（リストNo.15）もあります。猫というのは、ご存じのとおり、高いところに上がるのが好きでしょ。そういう猫族の生態と、犬種としてもそう大きくない犬アンガスとの関わり合いが、その本にもちゃんと描かれています。

『アンガスとあひる』
マージョリー・フラック さく・え　瀬田貞二やく
福音館書店

なんにでも興味津々のアンガスが、外から聞こえるやかましい音の正体を知ろうと家の垣根をくぐっていくと、二羽のアヒルに出会いました。アンガスはアヒルを追いかけます。ところが、水飲み場のところで攻守逆転。今度はアヒルがアンガスを追いかけます。夢中で逃げたアンガスは、家のソファの下に潜り込み、そのあとの三分間、なにも知りたいと思いませんでした。

反抗しても受け入れてくれる家族　『どろんこハリー』

次に、この本を紹介します。
『どろんこハリー』。（リストNo.40）
みなさんが小さいころからあった本ですから、楽しまれた方も多いと思います。

『どろんこハリー』
ジーン・ジオン ぶん　マーガレット・ブロイ・グレアム え
わたなべ しげお やく
福音館書店

ハリーは黒いぶちのある白い犬です。お風呂だけは大嫌い。ある日、お風呂のブラシをかくして出かけ、たっぷり遊び、どろんこになって帰ってきました。白いぶちのある黒い犬のハリーを、家族はよその犬だと思います。傷心のハリー。けれども、はたと気づいてブラシを掘り返し、お風呂場に飛び込むと……。

この本は、見返しのところが真っ白です。こういう部分を真っ白にするか、色紙にするのか、絵を入れるかは、ブックデザイナーや作家、編集者が話し合って決めることですけれど、これは白ですね。これもね、『ちいさな ヒッポ』と同じで、なかなか大人が読む文字が出てこないんです。そうすると、大人はパッパとめくっちゃうんだけど、よーく見ると、ここ（タイトルページ）から、もうお話は進行しているんですよ。

よーく絵を見ていてくださいね。

これはもう説明することもないですね。

いままでとまったく同じ。子どもは、こうやって少しずつ外へ出て、親の元から独立していくようになるんですね。

ごらんになっておわかりだと思いますが、この本は文字が非常に少ないんです。読むところが少ないと、大人はすぐページをめくりたがるのですが、ここはいろんな楽しいことが絵に描かれているから、子どもにとってはとくに楽しいの。道路の工事現場で遊んでいるところでは、いろんな種類の自動車が並んでいるし、向こうのほうには、家の中に飼われて外に遊びに出られない犬がいたり、木の上に鳥の巣があったり……。いろんなことが、いっぱい、絵で描かれています。

この場面は、ハリーが目にしているものだけれど、それに気を取られるより、遊ぶことに夢中になっているハリーも同時に描かれています。そういうものを、子どもは目ざとく見つけます。それを一回目に読んだときに見つけるか、五回目に読んだとき見つけるか、それともひとりでページをめくったときに見つけて楽しむか。それは、その子その子によって違うと思います。

この本は、文章が少なくて、絵でたくさん楽しむ本ですね。最初のページを見てください。もうわかりますよね。ここから、お話が始まっていますね。バスタブにお湯を入れる音がしたものだから、ハリーはブラシをくわえて逃げ出します。

それから、ハリーがいなくなっちゃったことを知った家族に、ここにいるのは僕《ぼく》なんだよって、なんとかわかってもらおうとするハリーの気持ち。こういうの、子どもってよくやるでしょう。

子どもの気持ちのなかでいちばんいやなことは、存在を否定されるようなことを言われることです。親から「あなたはうちの子じゃないから、出ていきなさい」とか「橋の下から拾ってきたのよ」とかって言われること。ほんとうに、真剣に、それは子どもにとっていやなものです。せつないものです。これは、子どもにとっては死活問題なの。たとえ、そんなことを言わなくちゃならない状況になったとしても、きちんとフォローしてくださいね。そうしないと、子どもは非常に傷つきます。

自分の価値観で生きていく　『あおい目のこねこ』

次は、こういう本を紹介します。

『あおい目のこねこ』。（リストNo.41）

『あおい目のこねこ』

エゴン・マチーセン　せたていじやく

福音館書店

あおい目のこねこは、ネズミの国を見つけるために旅に出かけました。行く先々で、怖い目にあったり、笑われたりしますが、「なーに、こんなことなんでもないさ」と、明るく元気に乗り越えます。ある日、怖い犬に吠えられ、犬の背中に乗っかり山をいくつも越えると、本物のネズミの国にたどりつきました。

読み物のかたちをした絵本です。いままで見た絵と、絵の印象がずいぶん違っていると思います。『アンガスとあひる』に比べると、ずっと新しい本ですし、絵もモダンです。

私は、子どもが見る絵に「どういう絵でなくてはいけない」というものはないと思います。きちんとデッサンができていて、お話に合った絵であって、美しく、そのお話を表現していれば、モダンな絵であろうと、リアリズムな絵であろうと、版画であろうと、油絵、水彩だろうとかまいません。これは非常に粗雑に描いてあるように思えるかもしれませんが、近代絵画の流れをくんだモダンな絵ですね。

エゴン・マチーセンが絵とお話を書きました。訳は瀬田貞二さんです。

表紙を開けますと、見返しは青い色の紙を使っています。なぜこの色を使ったかは、わかりますよね。

かなりボリュームがありますが、飽きることなく読めてしまいます。

お話は七つの「巻《まき》」に分かれていまして、これから起こることが「巻」のはじめにちょこちょこと絵で描かれています。

この本をある方が、お年寄りばかりのいるセンターで、読み聞かせをしたそうです。そうしたら、あるおばあさんが「私はいままで生きてきて、いいことなんかなんにもなかったけれど、この本を読んでもらったら、元気をもらったような気になった」とおっしゃったそうです。

この本、元気になるでしょ。どんな逆境にあってもあきらめない。そして、青い目がヘンだなんて言われても、めげないで自分で確かめてみて、「全然ヘンじゃないよ、キレイな目をしてるよ」って。人の言うことを丸のみにしないで、自分の価値観でちゃんと生きていく。

そして、物事ってどう転ぶかわからないですよね。怖い犬が出現したことで、あおい目のこねこは、幸せになるわけでしょ。人生って、こんなもんじゃないですか。こういう楽しい本なんです。

ここまでで、みなさん、なにか思われることありますか？　質問でもいいですよ。

◇受講者B
「『アンガスとあひる』では、色のあるページと白黒のページが交互になっていたんですが、それはなにか意味があるんですか」

絵本として、ページをめくっていくときに、カラーと白黒を交互にすると、絵本としてひとつのリズムが生まれるということがあるんです。ふっと息が抜けるような。そういう効果を狙っている、ということもあります。一九二〇－三〇年代のアメリカには、こういうデザインの絵本がよく見られます。

◇受講者C
「久しぶりに子ども時代に返りました。いままで子どもに読んであげるばかりで、自分が読んでもらうことはなかったので、同じ本でも、読んでもらうと自分が読んであげるときとは全然違う印象を受けるということがわかって、楽しかったです。あと、読んでもらっていると、すごく絵を見るんだなと思いました。『ヒッポ』の絵本では、お母さんが大きな口をあけているところがとても印象に残って、子どもが見ると、母親や父親のことを、こんな大きな口をあけてワニから自分を守ってくれるって受けとるのかな、と思いました。文章もさることながら、絵の迫力というか、子どもが受け止める絵の印象というのもよくわかって、子どもがどういうふうに本を受け入れているのかという思いを、自分も子ども時代はそうだったなということも思い出しながら、久しぶりに、とても楽しく聞かせていただきました。ありがとうございます」

◇受講者D

「一人目の子育てですごく不安な思いをしたとき、『ちいさな ヒッポ』は、親として励《はげ》まされた貴重な一冊だったんです。ヒッポのお母さんは、大きくて大口で草を食べているときはのんびりしているのに、子どもの危険にはすぐさま駆けつける、たくましくて頼りになるお母さんで、こんなふうになりたいな、と」

『ちいさな ヒッポ』が新刊ででたとき、私も嬉しくってね。童話屋の店でいちばん目立つところにホイホイ置いてたんですよ。

よい絵本は、子どものためにもよい本ではあるんですが、実は、子どもを育てながら疲れや悩みを抱えている大人にとってもよい本で、とても励まされるんです。

絵本にかぎらず、児童文学のなかに出てくる大人というのは、非常に魅力的に描かれていますから、大人としての参考にもなるんですね。

ここに『くんちゃん』のシリーズ（リストNo.31〜36）があります。

この絵本に出てくるお父さん、お母さんというのも、ほんとうに素敵でね。くんちゃんのお父さんとお母さんは、子どもができないことをやってあげるんじゃなくて、子どもが自分でできるように導いてあげる、っていうのかな。その姿が、ほんとうに素敵なのね。子どもって、よく自分の能力以上のことを「やってみたい」って言うじゃないですか。くんちゃんのお母さんは先まわりして心配したりするんだけど、お父さんは、「ま、やらせてみなさい」って言うんですよ。でも、やらせてもみるけれど、いちばん大事なことは「これだけは忘れちゃいけないよ」って言うんですね。

私が童話屋で仕事を始めたときには、岩波書店の『くんちゃんのだいりょこう』しかなかったんです。この本、素敵だなぁと思っていたら、ペンギン社からくんちゃんのシリーズがつぎつぎに出て、それも全部素敵なんです。

よくシリーズで出ている本って、必ずしも全部が全部、上等というわけにはいかない場合もあるのですが、このシリーズはどれも素敵です。

『くんちゃんのだいりょこう』
ドロシー・マリノ 文／絵　石井桃子 訳
岩波書店
冬ごもりの季節。くんちゃんは鳥たちのように南へ行こうとしますが、丘の上でお母さんにキスをしてこなかったことに気づいて家に戻ります。再び丘の上に来て、水筒がいることに気づいて戻り、次は、双眼鏡がいると、また戻り……。何度も往復するうち眠くなってしまったくんちゃんを、両親は優しく見守ります。

絵本の形態には意味がある

それから、ここに紹介している本をごらんになって、同じ絵本なのに本のサイズが違うと気づかれた方、いらっしゃいますか。

『こねこのぴっち』（リストNo.52）『ひとまねこざる』（リストNo.44）『ちいさい おうち』（リストNo.84）がそうですね。原書と同じサイズの大判の絵本と、「岩波子どもの本」シリーズとしての小さいサイズの絵本があります。

これらはどれも個性があって、明るく魅力的な絵本です。読んでもらった子どもたちは、かならず大好きになる本です。

「こねこのぴっち」はさまざまな体験をすることで、自分のことをよく知ることになりますし、「おさるのじょーじ」は、まさに子どもが持つ好奇心のかたまりです。『ちいさい おうち』は、幼い子でも自分をとりまく社会や人間の営みを理解し、悠久《ゆうきゅう》の時間の流れを感じさせてくれる優れた絵本です。

ここで、みなさんにお伝えしたいことは、絵本は、原書と同じサイズの本を選んでいただきたい、ということなんです。

絵本を出版するとき、どの作家も、自分の作品をどのサイズで仕上げるのか、そのとき紙はどんな質のものを選ぶのか、印刷の色味はどうなるのかと、それはもう徹底的に編集者やデザイナーと話し合って、こだわって本を作り上げます。そんなふうに翻訳も含め、原書に忠実に作られた絵本を読んでもらったときの印象と、別の様式に再編集された絵本とでは、やっぱり違うんですよ。同じページを見くらべてみると、そのことがよくわかります。

「岩波子どもの本」は、戦後の物不足の時代に創刊された絵本のシリーズです。当時は、紙もインクも不足していて、それでも海外のすてきな絵本を日本の子どもたちに届けたいと、熱い志を抱く編集者たちが集まって作られたシリーズです。そんな時代ですから、経済的な理由で原書より小さくせざるを得なかったというのは、仕方のないことです。私が子どもを育てているときは、「岩波の子どもの本」でしかこれらのお話を読むことができませんでした。そのときはこれしかないわけですから、私も大好きな絵本でしたよ。

「岩波子どもの本」はほんの一例です。いまは、読み聞かせ用にサイズを大きくしたり、旅行用にコンパクトなサイズにしたり、さまざまな理由でオリジナルを再編集したものがたくさん出版されています。

子どもは、絵本を味わい、感じながら見ています。再編集された絵本だけをしょっちゅう見ているのと、原書と同じ形態の絵本をしょっちゅう見ているのとでは、そこで培《つちか》われる美しさに対する感覚は、当然違ってくると私は思います。

せっかく原書に忠実なサイズの絵本があるのですから、ぜひ、そちらを選んでほしいと思っています。

子どもたちは、これから一生を生きていくなかでいろんなことに出会います。そのとき、それらの場面ごとに、自分でどう判断し、それをどういうふうに自分の行動に結びつけていくか。その根底にあるものは、子どもが子ども時代のうちに、心に取り込んできた知恵であり、勇気であり、優しさ、美しさのわかる心、ものの価値観であろうと思うんです。

リストを作って、ここに揃えた一〇〇冊は、そういうことを全部、考慮して選んだ本なんです。

あと、この本。『ロバのシルベスターとまほうの小石』（リストNo.71）。これ、みなさんにぜひ聞いていただきたかったんです。

（読み聞かせする）

いかがでしたか。
次回は、この本の感想から聞かせていただきたいと思っています。

『こねこのぴっち』
ハンス・フィッシャー文／絵　石井桃子訳
岩波書店

ぴっちは、自分の兄弟たちとは違うことをしたいと思っていました。そこで、オンドリやヤギ、アヒルのマネをしてみますが、なかなか満足しません。ウサギ小屋に入ったときには、恐ろしい獣が来て、怖い思いをしてしまいます。病気になったぴっちは、優しい家族に看病され、すてきなパーティを開いてもらい、もうネコ以外のものになるのはやめようと思うのでした。

『ひとまねこざる』
H．A．レイ文、絵　光吉夏弥訳
岩波書店

とても知りたがりやで、ひとまねが大好きなさるのじょーじは、動物園の外がどんなか知りたくてたまらず、抜け出しました。レストランではスパゲッティーまみれ、窓ふきでは部屋の中に入ってペンキ屋さんのまね、骨折して入院した病院でも好奇心いっぱいです。そんなとき、なかよしのきいろいぼうしのおじさんが新聞を見て迎えに来てくれました。

『ちいさい　おうち』

ばーじにあ・りー・ばーとん ぶんとえ　いしいももこ やく

岩波書店

小さいおうちは、静かな田舎で幸せにくらしていました。ところが、年月が経つうちに、田舎は少しずつ町へと変化し、いつしか小さいおうちは大都会のビルの谷間に埋もれ、誰も住んでいない家になってしまいました。ある日、その家を建てた孫の孫のそのまた孫の人が小さいおうちを見つけて、助け出してくれました。

『ロバのシルベスターとまほうの小石』

ウィリアム・スタイグ さく　せたていじ やく

評論社

夏休みのある日、シルベスターは、触って願いごとを言うと、願いがすぐにかなう魔法の小石を拾います。ところが帰る途中でライオンにでくわし、あわてて自分を岩に変えてしまいます。両親は息子を一所懸命探します。季節がめぐり、岩になったシルベスターのいる丘にやってきた両親は、そこで偶然、魔法の小石を見つけます。

2

「生きる力」を育む読書

みなさんこんにちは。

前回の最後に私が読みました『ロバのシルベスターとまほうの小石』の本について、みなさんがどんな点で楽しんだか、どんな感想を持たれたかをちょっとうかがいたいな、と思います。

こういう場で、起承転結のあるしっかりした言葉にまとめて話すというのは、とっても億劫《おっくう》でしょ。だから、お友だちとちょっと立ち話をするような感じで結構《けっこう》です。断片的でも結構ですので、なにか思うところがあった方、ちょっとお話を聞かせてください。いちばんはじめに発言するのは勇気がいると思うんですけれど……。

それじゃあ、この本を楽しめた方、いらっしゃいます？

（八～九割の人が手をあげる）

じゃあ、楽しめなかった方……。

（二人、手をあげる）

はい。では、楽しかったと思った方はどういうところが楽しかったんでしょうか。このページのこととか、こういう場面だとか……はい、どうぞ。

◇受講者E

「私には、五歳になる息子がいるのですが、幼稚園の帰りに、よく石ころを拾って帰るので、そのことと重なった部分がありました。それと、先生に読んでいただく前に、子どもに読み聞かせした本で、そのときは、楽しいかどうかわからなかったし、こんな長いお話の本を読むの？　って思ってしまったんですが、先生に読んでいただいたときに、親が子を思う気持ちと、子が親を思う気持ちがすごくよくわかりました。あと、子どもが拾った石を『あの石どうしてある？』と聞くこともよくあって、子どもが石を大事に思う気持ちって、こういうことなのかな、と感じることができました」

ああ、実生活と重なる部分が、ずいぶん多かったんですね。

その他の方は？

◇受講者F

「私は、楽しいとか、楽しくなかったという以前に、すごく考えさせられたな、という感じです。親の目で考えたんですが、もしかしたら、子どもが大きくなってなにか問題を抱えたとき、たとえば、思春期にひきこもりだとか、登校拒否だとかになってしまったとき、もしこの本を読んでいたら、シルベスターが岩になったときのように子どもがどんな状態になったとしても、親は子どものことをすごく思っているんだと子どもはわかるだろうし、親のほうも子どもが岩になりたくてなってるわけじゃない、ということをわかってやれるんじゃないかな、って。小さいときに、親子でこの本を読んでいたら、そんな問題が起きたとき、親子ともども困難を乗り越えていけるんじゃないかな、という気がしました」

ありがとうございます。では、これを楽しめなかったという方もいらっしゃったのよね。お話していただける？

◇受講者G

「絵があたたかい感じだったので、もっと楽しいお話なのかなと思って期待していたんですが、思った内容ではなくて……。思わぬ事故で岩になってしまった子どもが親を思う気持ちと、突然いなくなった子を思う親の気持ちとで……、いま、思い出しただけでも涙が出てきて、せつなくて胸が詰まってしまうんです。絵とお話とのバランスがあまりにも違う感じですし。それに、私の子どもは、いま三歳なので、これを読んであげるにはまだ早いかな、とも」

はい、ありがとうございました。他にはいらっしゃいますか。

◇受講者H

「長男が小さいころに、この本にはじめて出会ったときは、よくわからない本だったんです。でも読み聞かせの会などの機会に何度か読んでもらったり、自分で読み直したりするうちに、このことはこういうことなのかなと、いろんなことを感じさせられるようになった本です。子どもが成長するにつれて、シルベスターが石を集めることに納得したり、突然、岩になったことについても、事件に遭われた家族の方の気持ちと重なったり……。そんなことで、この本を知ってずいぶん経ってから、息子が小学生になってからなんですが、何回も読みたいなと思って、買った本なんです」

はい、ありがとうございました。

願うこと・自分を思ってくれる人がいること

『ロバのシルベスターとまほうの小石』

『ロバのシルベスターとまほうの小石』は、前回読みましたから、内容はもうおわかりですよね。

まず、これを書いたウィリアム・スタイグは、アメリカのマンガ家です。そのため、絵柄があまり好きでないという方がいるのも納得できることで、絵本にはもっと芸術的な絵柄のほうがいいと思う方もいらっしゃるかもしれない、と思います。

でも、マンガ家というのは、人間の本性や動きを、心理的なものをからめてデフォルメして描きますよね。でも、そのデフォルメだって、デッサンがきちんとできていないと描けないものです。色彩も、マンガ家という仕事柄がよく出ています。ウィリアム・スタイグは、非常によく勉強されている作家だと思います。この方は他にも何冊も絵本を作っていて、「変身する」という内容のものが多いんです。

子どもは、ある時期になると親離れします。そのとき、親子のあいだで葛藤《かっとう》がありますよね。さっきお話しになった方もいらっしゃいましたけれども、ひきこもりとか、親に背いた行動をとるとか、そういうことがいろんなかたちで現れてきます。親子の心が通じ合わなくなった、存在が確かめられなくなったという状況を、シルベスターが岩になったことで表現している……とも感じられませんか。

お互いを思いやる気持ちはあるけれども、それが通じ合える表現方法、つまり言葉という道具が使えなくなる時期って、あるじゃないですか。親子のあいだだけでなく、夫婦のあいだでも。そういうことは起きうることだと思うんです。そんな場面に直面していても、人間らしく、相手を思いやる気持ちがあり、その気持ちをずっと持ち続けられていると、「その思いは、通じるときがあるんだよ」「その問題は、乗り越えられるときがくるんだよ」と、この本では語られている。

むなしい努力っていうのは、そうは続けられないけれど、先に希望があるかもしれないと思えば、少しでも、努力は続けられるじゃないですか。そういうとき、励《はげ》みになりますよね。こういう本に出会っていた、ということは……。

それから、そこまでに至る過程がせつなければせつないほど、もうこのお話は聞きたくないっ！　と思う内容であるかもしれない。でも、人生って、そういうことありますよね。いつもバラ色であってほしいけれど、なにか他からの状況のために、こんなことが起きてしまうこともあるわけです。

そして、思いがけない事故に遭って、打ちひしがれたときの気持ちというのが、どんなにせつないものなのか。そのことをこの本では、こんなふうに書かれています。

季節がめぐってきて、シルベスターは、「おきていても、のぞみがないし、やりきれない」から、なにも考えないで、「いっそ岩になりきろうと思って、それっきり、ねむってすごすようになりました」って。

この前、北朝鮮に拉致された男性の方の話が新聞に出ていました。北朝鮮に連れて行かれたとき、はじめのうちは「なんで自分がこんな目に遭わなきゃいけないんだろう。どうしてなんだと、その理不尽さに体が焼けつくように腹が立ったけれど、そのうちに、考えないようになった。自分の人生は、もうこれに順応していくしかしょうがないから、って思うように努めた」って。人間ってそういうふうに思うものなんですよ。

他にも、第二次世界大戦のとき、ユダヤ人が強制収容所に入れられて、非常に不当な目に遭いました。そういう話は、みなさんもご存知かと思います。そのとき、収容された人たちはみんな、最初すごく腹が立ったんでしょうけれど、でもこれ以上どうしようもない、そこでなんとか生き延びれば、と思うようになる。そのときの人間の共通した気持ち……。それが、この本のなかでは「岩になりきろうと思いました」という言葉で語られているんです。非常に巧いと思いません？　この本の作り方って。

そして、「願って、願って、願って」いたときに、親の気持ちが伝わる。岩になった自分の上にお母さんが座ってくれたそのあたたかみで、「眠りから目が覚めた……」という、この書き方。

自分をずっと思い続けてくれている人が、世の中のどこかにきっといるということは、子どもにとって、とても励みになることですよね。それから、自分になにかあったときに、身を焦がすほど心配してくれる人がいるということも。それが、親なんですね。シルベスターのお母さんが嘆《なげ》いているとき、部屋に飾ってある花までがしおれているんです。こういう細かいところの描き方……。

それから、主人公をとりまく周辺の描かれ方も見てください。

自分がどんな災難に遭おうとも、季節はいつもと変わらずに刻々と過ぎていくんです。自分がこんなにつらい目に遭っているのに、自然はこんなふうに美しく過ぎていく。それは、よけいに腹の立つこともあるし、いっそう悲しみが募《つの》ることもある。

そういうふうにしていながらも、「自分のことを思ってくれる人がいる」と信じていられるということは、人生のなかで脇道にそれてしまいそうになるとき、自分から命を絶ちたくなるようなとき、そんなときの大きな歯止めになる、と思いませんか？　そんなことすると、自分を思ってくれる人はどんなに嘆くだろうか、と。

この本には、お母さんとお父さんの嘆き悲しみが、こう語られていますよね。

「おなじ場所を　なんどもさがし、おなじあいてに　なんどもきいて、ひと月たちますと、ダンカンさんごふうふにできることは、なくなりました。」

自分の愛する人がこれほどまでに悩んで、悲しい思いをするのだと思えば、親がこういう悲しみを超えて、自分を育ててくれたんだと感じられれば、自分で命を絶っちゃいけない、悲しませてはいけない、というすごい抑止力になるじゃないですか。

そんなことが、一見、こんなふうな楽しげな文章と、楽しげな絵で語られているんです。それで、読み聞かせしてもらう子どもはね、魔法の小さい石を見つけたときの興奮した気持ちや、親と再会したときの喜びを味わいながらお話を楽しむの。けれど、心のどこかに「自分のことを心配してくれる人がいるんだ」とか「どんな逆境に陥っても、どうにかして乗り越えられる答えが見つけられるんだ」というメッセージは残っていくんです。この前お話ししたように、幼いときに出会ったものが、その子がやがて成長するときの「ものの考え方」の基本になるというのは、そういうことなんです。

それから、ウィリアム・スタイグは冤罪《えんざい》の問題を扱った『ぬすまれた宝物』(評論社)という本も書いています。冤罪なんてほんとうに深刻な問題ですから、文章で書くと、ものすごくぶ厚い本になる可能性があるのに、非常に薄い本で、とてもわかりやすく書いているんですね。さすがだと思いました。

というわけで、アメリカのマンガ家ウィリアム・スタイグが書いた絵本を紹介しました。これは、自分の心理状況、そのときの社会状況、いろんな経験によって、いろんなふうに受け取れる内容の本です。一過性ではない本です。この本を一〇〇冊リストのひとつに加えた理由を、これで納得していただけるかな、と思います。

リストの一〇〇冊は、細かく申し上げていくと、一冊ずつそういうことがいえる本ばかりなんですよ。

ここで、絵本を選ぶときに大事なことを、もう一度、簡単にまとめます。

もっとも大事なのは、お話です。

そして、それに添えられた絵は、お話に合ったもので、お話を深く理解できるような、また楽しめるような、そして美しい絵であることが大事です。ただおざなりに、ロバっぽく、カバっぽく描かれたものではなくて、きちんとしたデッサンをもとに描かれた絵であることが大事です。

また、絵だけでなく、構図や本の構成にしても、そうですね。

この講座で紹介したリストの本は、どれもそういう力を持ち合わせているものばかりです。

三種類の『おおきなかぶ』

さて、今回は、みなさんがはじめて見る絵本を手にしたとき、どこに着目して絵本を選べばいいかということを考える手助けになること、比べ読みをやりたいと思います。

まず、福音館書店が出している絵本『おおきなかぶ』。もともとは、一九六二年に

「こどものとも」というペーパーバックのなかの一冊として出た絵本です。ここにいらっしゃるあらかたの方がもうご存知だと思いますけれども、内容と絵を再確認するために、一度、読みますね。

『おおきなかぶ』

A. トルストイ再話　内田莉莎子訳　佐藤忠良絵　福音館書店

おじいさんが　かぶを　うえました。
あまい　あまい　かぶになれ。
おおきな　おおきな　かぶになれ。……（読み聞かせする）

この本が出てからもうずいぶん経ちました。いまでは、さまざまな『おおきなかぶ』が出版されています。今日は、三種類の『おおきなかぶ』を用意しました。次は、福音館書店とは別の出版社の絵本を、二冊続けて読みますね。

『おおきなかぶ』ロシア民話
A. トルストイ 再話　内田莉莎子 訳
佐藤忠良 画　福音館書店

（読み聞かせする）

まったく同じお話ですよね。でも語り方が違うでしょ。語り方の違いで、みなさんの印象はどのように違ったでしょうか。

はじめに、ちょっとお聞きしようかしら。みなさん、どの本が好きでしたか？

これ（福音館書店）がいちばん好きという方。

（九割の人が手をあげる）

二冊目がおもしろかったわという方。あら、誰もいない。

じゃあ、三冊目の本は？

（二名手をあげる）

はい、ありがとうございました。

『おおきなかぶ』は、トルストイという作家がロシアの昔話を集めて本を出し、そのなかに入っている有名なお話ですね。

内容は、おじいさんがかぶを植えました。なにか仕事をすれば、その結果は大きな実りになります。このかぶは、願った以上の結果になって、大きく育ちました。それを収穫しなければ「最終的な結果」にはなりません。そこで、抜こうと思った。けれど、なかなか抜けない。いろんな人の力を借りて、最後にいちばん小さなネズミに手伝ってもらって、ようやく抜けた、というお話です。

ネズミというのは、よくよく考えると、ここに書いてある人たちのなかで、いちばん弱くていちばん小さな生き物じゃないですか。かぶを植えて抜こうと思ったおじいさんからみれば、小さな力でしかないネズミ。そんな存在のネズミが手伝ってくれたおかげで、ようやくかぶが抜けたんですよね。

大人は、お話そのものに、深い意味を感じるでしょ。でも、読んでもらった子どもは、そんなこと考えないで、ページをめくるごとに、「今度は抜けるかな?」「次は誰が来てくれるかな？」「今度こそ抜けるかもしれないよ」と楽しみます。

それから、かぶを引っ張るときに、同じかけ声が何度も出てきますね。そのかけ声が出てくるたびに、子どもはそれに共鳴して、楽しんで、一緒にその言葉を言うかもしれませんね。それで、「やっと、かぶはぬけました」というところで、ほっとして終わり。子どもにとっては、そういうお話です。

ここでちょっと考えていただきたいんです。

お話が、もっとも素直に、みなさんが楽しめるように語られていたのは、どの本だったでしょうか。同じ日本語でしょ。でも、語り方はみんな違いますよね。どれがいちばんスーッと素直にお話がわかって、おもしろいと思えたかということを、まず考えてほしいの。

語り方と、絵の表現を比べてみる

では、具体的に見ていきましょう。

福音館書店の『おおきなかぶ』は、「おじいさんが　かぶを　うえました」と、いきなり始まっています。前段階はまったくありません。このほうが、「おじいさんがかぶを植えて、それでどうしたの？」って、聞いている子どもは、お話の世界にすぐに入っていける。そして、かぶは、どんどん大きくなって、お話も次から次へどんどん展開していくわけです。

けれども、他の二冊は、言葉や絵で話の本筋に関係のない説明が非常に多いの。そして、肝心のお話が始まるのは、そのあとから、なんですね。

わざわざそんな説明をしないと、子どもはお話がわからないのかというと、そんなことないですよね。福音館書店の絵本の表現だけで、お話はじゅうぶんわかります。

それに、説明されなくても、なにかあったとき、自分の身近にいる人たちに助っ人を頼むというのは、小さな子どもでも納得できることでしょ。おじいさんといえば、つぎはおばあさん。おばあさんといえば、つぎは孫。そして、小さな子どものまわりにいる親しみのあるものといえば、犬と猫。だんだん力も弱くなってくるわけです。助っ人の順番にしても、素直に納得できますよね。

つぎに、かぶを抜くときの表現を比べてみましょう。

福音館書店の本は「うんとこしょ、どっこいしょ」とたいへんリズミカルに書いてあります。日本語で濁音の入っている言葉は、力強さを感じますね。

他の本には、「うんとこしょ、どっこいしょ」というかけ声は出てきません。この言葉は内田莉莎子さんの訳ですから、べつの方が『おおきなかぶ』を訳すときは、違う表現で訳すしかないんです。

福音館書店のあとに読んだ二冊は、声にだして読むと、なんだか力の抜けちゃう感じがしませんか。「うんとこしょ、どっこいしょ」という言葉を超える訳を、私はまだ見たことがありません。

内容を知らないで、本屋さんに行って、これらの本が三冊並んでいたら、どうでしょうか。みなさんが絵本を選ぶきっかけになることは、どんなことでしょうか。もしかすると、「つい最近出版されたから」とか、「有名人が推薦していたから」とか、「宣伝に『斬新な絵』と書いてあったから」とか。他に、「有名な賞を取ったから」ということもあるかもしれません。大人って、そういうことをきっかけに本を選ぶことがよくありませんか？

だけど、実際に読んでみたら、みなさんがいちばんおもしろいと思ったのは、この福音館書店の絵本でしたよね。

絵本を選ぶときは、まず内容をよく知ってほしいんです。

つぎは、絵についてもちょっと見ていきましょう。

同じ内容のお話を、それぞれどんな絵で表現しているのかということを、比べていただきたいと思います。

まずは福音館書店の絵本です。この絵本を読んだとき、ページの始まりから終わりまで、見ている人の視点が動いていないということに、気づいた方はいらっしゃいますか？ これ大事なことなんですよ。同じ場所でお話が進行していると、小さい子が本を見たときに、お話を理解しやすいの。

他の二冊は、視点があっちこっちに動くんです。かぶを植えた場所を正面から見る場面があったり、家の裏のほうから見ていたり、上から見下ろしていたりというように。お話が進行するごとに、視点も動いていました。あっちへ行っただの、こっちへ戻っただのっていちいち考えていると、小さい子は、お話の筋がわからなくなってしまいますよ。

こうやって複雑に表現することで、このお話がよくなっているかというと、どうでしょう。

『おおきなかぶ』は、昔話なんです。昔話……これについて説明を始めると、時間がいくらあっても足りませんから、ここではあまり申し上げられませんけれど、昔話というのは、何百年もかけて練り上げられた「語りの文芸」なんです。これは耳で聞いただけで、スーッとわかるものなんですね。それを、こんなふうに複雑に変えてしまったら、お話の太い筋が散漫になってしまうんです。

昔話というものには、たいてい、生きていく人間の知恵が語り込められています。子どもを励《はげ》ます力があるんですね。

このお話でいうと、最後にネズミが出てきて、かぶが抜けます。最初にもちょっと言いましたが、ネズミによって仕事が完成するということに、実はたいへん深い意味があります。

子どもというのは、家族のなかで、もしくはお父さんお母さんに比べて、自分がいちばん小さいということを、いつも思い知らされているんです。けれども、自分が同化できるいちばん小さいネズミの力がなければ、かぶを抜くという大きな仕事が完成しなかった。自分よりもずっと大きな力をもっていて、長いあいだ生きていて知恵も持っているおじいさんでもできなかった仕事が、自分の力が加わったことで完成した。

このことは、子どもにとって心強くて、励みになり、嬉しいことじゃないでしょうか。

福音館書店よりあとに出版された本は、いままで出ていたものよりもなんとか新しい絵本にしたいと思って、がんばって努力して言葉や絵を変えたはずなんですよ。でも結果は、これまで以上のものにはならなかった、ということですよね。

いま、『おおきなかぶ』にかぎらず、同じお話で、表現の違う絵本がたくさん出版されていますよね。私たち大人は、どこに目をつけて絵本を選べばよいのでしょう。そのことを考えるとき、比べ読みすることで、はっきりと見えてくるこの事例はわかりやすいでしょう。そのために今日は、この題材を選びました。

本を選んだ大人の価値観が伝わる

「子どもが、大人に絵本を読んでもらうということ」や「子どもが絵本に出会うということ」はいったいどういうことなんでしょうね。

みなさんが子どもに絵本を読んであげるときって、子どもの隣に座って読んであげるとか、膝にのせて同じ方向を向いて読んであげるとか、いろんな読み方をしますよね。ふだんの生活のなかで、そうやって本を読んであげると、子どもの緊張感と一緒に、子どもがどんなところで喜んでいるのか、どんなところをおもしろいと思っているのかが直《じか》に伝わってきて、すごくよくわかるんですよ。

そして、子どもが「ここが見たい」と言ったら、そこは何回も見せてあげればいいんだし、「ここまた読んで」と言ったら、そこを何回も読んであげればいいんです。本は、子どものリズムに合わせて、読んであげたらいいんですよ。そうすると、子どもがお話を楽しんでいることが、直に伝わってきます。

実は、これは、絵本のことをよく知りたいと思っている大人にとって、すごくいい勉強になるの。

まずは、「子どもがお話を楽しむようになる」ということについて、ちょっと考えてみましょう。

その第一は、「自分が楽しいと思えるお話を、そばにいる大人が自分のために読んでくれている」ということなんです。その心地よさ。それ自体が、子どもが「本は楽しい」「本はおもしろい」と思えることなんですよ。

次に「自分が満足できるように、自分だけのために大人が時間をかけて読んでくれている」ということもあります。これは、子どもにとって、とても喜ばしいことですよね。「自分が楽しいと思うことをやってくれる大人がいる」ということは、大人に対する信頼感につながるでしょ。

それから、「どの本を読んでくれるか」ということがあります。ここからは、大人の立場で考えたいところです。

さきほどの『おおきなかぶ』を思い出してみてください。子どもに読んであげる本を選ぶとき、大人はどの本を選ぶのでしょうか。選ぶということは、選んだ人の価値観に関係することですよね。大人は、このお話がいいと認めたから、わざわざ選んで、子どもに読んであげるわけです。そして、子どもは、大きくなるまでに、大人が選んでくれた本に何冊もであっていきます。たとえば、正義や善が勝つ本とか、親の気持ちが伝わる本とか、子どもが好きだという本ならどの本でもとか、読み終わったあとに子どもはなにも感想は言わないけれど深い満足感がある本とか……。「この本を読んでくれるお父さんお母さんは、これがいいと思っているんだな」ということが、選んだ本の内容を通じて、子どもに自然に伝わっていく。つまりは、読み手の価値観、その家の文化が、そのまま子どもに伝わっていくということでもあるんです。

「どの絵本を選ぶか」というのは、みなさんの価値観に関わってくることなんですよ。だから私は、みなさんにあの本は読んじゃダメとか、この本は買っちゃダメなどと言うことはできません。けれども、「絵本を選ぶ」という場面では、「子どもにどういうことを伝えたいと思っているのか」「どういう子に育ってほしいと思っているのか」「どういうふうに育てたいと思っているのか」ということが、問われているんです。

絵本を選ぶときは、このことをぜひ意識していただきたいな、と思います。

言葉と絵から体得する「美しさ」

くり返しになりますが、読む本を選ぶとき、なにを基準にして選ぶのでしょう。いちばんに考えたい基準は、その本にどのような日本語が書かれているか、ということです。

絵本は、たいてい母国語である日本語で語られています。外国のお話であっても、翻訳されていますので、語り口は日本語です。同じお話でも、『おおきなかぶ』のように、語られている日本語は、まったく違うものになります。どの日本語が、「いちばん使いたい」「子どもに伝えたい」「物語を正確に伝えている」日本語であったでしょうか。

子どもたちは、本を読んでもらうことによって、その言葉を耳にするわけです。

子どもは、聞いていない言葉や知らない言葉は、語ることができません。けれども、ちゃんとした日本語の言葉を聞いていれば、ちゃんとした言葉を使えるようになるんです。

仲間うちではそれなりの言葉を使っていたとしても、「こういう場合には、こういう言葉を使ったほうがいい」とか、「こういう日本語を使えば、自分の気持ちを正確に説明できる」ということを知っている。また、話すときに、「他にもっとよい言葉があるはずだ」と思い至るようになる。このような子どもは、言葉が豊かである証拠だし、正しい日本語の使い手になっている、ということですよね。

さきほど読んだ『おおきなかぶ』のなかには、俗語やオノマトペで場面を説明している本もありましたよね。そういう日本語で書かれた子どもの本は、いまとても多いんです。

言葉のことを言い始めると何日も費やしたくなるほど、重要なことなんですが、ここでは簡単に申し上げますね。

言葉というのは、コミュニケーションの手段です。でも、それだけのものではありません。言葉がなければ、思考はできません。言葉を知らなければ、ちゃんと考えられないんです。小さいときに習得する言葉の大切さ。小さいときにきちんとした豊かな言葉に触れるということの大事さ。このことは、非常に重要なことだと思いませんか。

日常的に使われている親子の会話というのも、不完全なところで成り立ってしまいがちですよね。「ママ、水！」と子どもが言うと、お母さんは、水がこぼれているのか、水が欲しいと言っているのか、状況で判断できてしまう。「喉《のど》が渇いているから、お水を一杯ちょうだい」って言わないと、他の人には通じないことが、たったそれだけの言葉で通じてしまう。

たとえ、ふだんの日常会話では使わなくても、自分の気持ちを伝えるときは、きちんとした日本語を使わなくてはいけないということを、子どもたちには、知っておいてほしいわけですよ。

そういうことを知るには、いまや本に頼るしかないんです。

それから、もうひとつの基準が絵です。

子どもだけでなく、大人も美しいものにあこがれますよね。きれいなものを見ると、とてもいい気持ちになったり、心が癒《いや》されます。だから芸術作品を見に行ったり、お芝居を見たり、音楽を聴きに行く方もいらっしゃいますよね。

でも、わざわざ出かけて見に行くようなことをしなくても、日常生活のなかで、美しいものを取り入れることはできるんですよ。たとえば、毎日、お母さんがどういう服を着せているかとか、どんな音楽を聴いているかとか、お部屋にどういう飾りつけをしてるか、っていうことに、全部、関わってきます。

今日のテーマである絵本にひきつけて言うならば、「日常的に、子どもがどんな絵本と出会っているか」ということなんです。

書かれている日本語や本の構成や色彩などが、とても美しくて、見ていて心地いいという、そんな絵本に子どもが日常的に触れていることで、美しいとはどういうことかを、子どもは自然に体得することができるんです。

本を読むということ

ここで、みなさん、もう一度考えてみてください。「本を読む」ということは、いったいどういうことでしょう。

すでに言われていることですが、「本を読む」ということは、限りある体験がさらに広がるということですよね。本を読むと、自分以外の人の考え方や生き方、世の中にはこういうこともある、ああいう人もいると、世の中を広く知ることができる。それらのことをきちんと語っている本は、人生をきちんと語り、人間をきちんと描いています。本の内容を通じて、いろんな人に触れる体験ができ、いろんな人の考え方もわかるようになる、ということですよね。

そういう本に触れている子どもは、「もっといろんな人を知りたいな」とか、なにか事件に出会ったとき「どんな行動をとる人がいるのかな。どうやって解決するのかな」とも考えるようになる。もうちょっと年齢が上がってくると、さらに別のことを知りたくなって、物語だけじゃなくて、世の中にはいろんな人の人生や、いろんな葛藤《かっとう》の書かれた本にもたくさん出会うようになります。

そういった本というのは、読んだ子の「生きる力」になるものです。

子どもたちは、小さいときに出会った大人たちの考えや、お母さんや周囲の大人が出会わせてくれた本、そういうものを基準にして、自分が読む本を自分の力で選び取っていきます。

いまの子どもたちは、小学校の高学年にもなると、生活が忙しくなりますし、なかなか本だけ読んでいるわけにはいかなくなりますよね。でも、だからこそ、小学校の低学年まではお母さんの手が届くわけですから、そういうときに、しっかりした本に出会わせましょうよ。そういう本が、まだ世の中にはあるんだから。ぜひそういう本を選んでほしいわって、せつに願います。

質問に応えて

さて、残りの時間は、前回の終了時のアンケートのなかに、質問があったので、それにお答えすることにしますね。

「幼稚園では、白黒の絵本よりも色彩の豊かな絵本を選ぶように言われています。それについていいかがでしょうか」という質問です。

前にも申し上げましたが、絵本を選ぶときに大切なことは、まず、お話です。お話がどういうふうに語られているのか、ということが第一です。

そのお話を的確に描いている絵なら、近代的な絵であろうと、クラシックな絵だろうと、白黒の絵でも、子どもは気にしません。実際、黒だけで描かれた本もずいぶんあります。

子どもがその絵本のお話をほんとうに好きになると、こういうことが起こるんです。エッツの作品に、福音館書店から出ている『もりのなか』（リストNo.51）という白黒の本があります。私が前に勤めていた童話屋で、あるお客さんが『もりのなか』を探しに来られたんです。ところが、出した本を「この本じゃない」と強くおっしゃるんですね。その理由が、「私が小さいときに読んでいた本には、色がついていたはずだ」と言うんですよ。たしかに、この絵のポスターやカードの商品も売られていて、それらには色がついているんですが、本は白黒なんです。カラーだったというのは、その方がそう思い込んでいるだけのことなんです。

でもね、小さい子が、そのお話がほんとうにおもしろいと思ったとき、その子の心のなかでは、白黒の絵に色がついちゃうんです。小さいときに、そういう体験をした方、この場にもいらっしゃるのではないでしょうか。

小さい子にとって、いいお話であれば、色彩の有無は、あまりこだわることではないと思うんです。

◇受講者—

なにかほかにご質問がある方はいらっしゃいますか？　感想でもいいですよ。

「うちでも、『おおきなかぶ』を子どもたちに読んであげたことがあるのですが、ある日、子どもたちが、布団を押し入れから引き出すときに『うんとこしょ、どっこいしょ』と遊びながら言ってたんです。さきほどの説明を聞いて、あぁ、なるほどと思いました」

子どもというのは、理屈では説明はできないけれども、とても感覚の鋭い人たちですよね。インパクトの強い、心にピュッと飛び込んでくるものや、心に響いてくるものを選び取る力は、大人より持っているんですよ。大人だと、理屈で説明しないとわからないし、理屈でわからないものは避けてしまうけれど、子どもは素直にそれがわかりますよね。だから、大人よりも子どものほうが本当にいいものを選び取っていることを、大人は心に留めておきたいものです。

◇受講者J

「『おおかみと七ひきのこやぎ』を、久しぶりに図書館で借りて読んだのですが、最後のところに、子ヤギたちが「おおかみ死んだ、おおかみ死んだ」と、歌いながら踊った、と書いてあるんですね。私は、この表現を、子どもにそのまま読んであげることに、抵抗を感じたんです。子どもはこの本をおもしろがって、きっと、こういう言葉を日常的に使うんだろうなと思ったとき、素直にこれを読めなかったんです。それで勝手に、おおかみは川に落ちて死んでしまいましたと、文章を変えて、子どもには読み聞かせしました。それでよかったのかどうかと、ちょっとわからなくなりました」

ああ、そういうふうに、お話を終わらせたんですね。そのように結末を変えると、主人公のヤギの気持ちはどうなのか、ということもあるんですが、その説明をする前に、ちょっとここで『三びきのやぎのがらがらどん』（リスト№23）を見てください。

このお話は、ヤギをひとのみにしちゃうぞと言っていたトロルを、いちばん大きながらがらどんがやっつけるんですね。そのときの言葉というのが、すごいんですよ。

「そして　トロルに　とびかかると、つので　めだまを　くしざしに、ひづめで　にくも　ほねも　こっぱみじんにして、トロルを　たにがわへ　つきおとしました」

こういう表現で、徹底的にやっつけてしまうわけです。ものすごい言葉で語っていますよね。

さて、ここで、重要なことを話します。『三びきのやぎのがらがらどん』も『おおかみと七ひきのこやぎ』も昔話なんです。たいてい昔話では、最後にやっつけられる者は、最初に悪いことをしているわけですよね。「さるかに合戦」も、サルは親ガニを殺しています。昔話には、悪い存在は最後に抹消されてしまうという話が多いんです。

そういう昔話を子どもが聞いて育ったとしても、「そこから残酷性が芽生えてくるようなことはない」と深層心理学的に説明がついています（編注：マックス・リュティ著『昔話その美学と人間像』小澤俊夫訳・岩波書店／野村 泫 著『昔話は残酷か』東京子ども図書館 など参照）。それは、物語の構成上からも、語り方の問題からも、わかっていることです。だから、そこはあまり気になさらなくても、きちんと語られている昔話であるならば、まったく問題ないです。もちろん、殺す場面をやたらに肥大化して、血が流れたなど、うんと残酷に表現して作り替えたお話だとしたら、それは非常に問題です。けれど、ふつうの昔話では、ただ一言「死にました」とサラリと語られているだけです。その一言で、その場から悪者はいなくなり、子どもたちもホッとするわけです。

それでね、その「おおかみ死んだ、おおかみ死んだ」という言葉が子どもの本に必要か、必要でないかについてですが、それは、再話をした人の考え方だと思います。あなたが、「おおかみ死んだ」と子ヤギが歌い踊った場面をカットして読んであげたというのは、それはお母さんの見識だと思うんですね。最後に「おおかみは死んでしまいました」と言ってあげたことで、そのお話としては、もう結末がついているわけですから。

ただ、子ヤギにしてみれば、非常に怖い思いをしたあげくの結末なわけですよね。ですから、再話をした人が本に書かれたように表現したとしても、子ヤギの立場に立ってみれば、それはひとつの結末のかたちだと私は思います。

昔話の残酷性というのは、いろいろなところで問題になるんです。『三びきのやぎのがらがらどん』も、昔話として語られるときの言葉は、サラリと語られていますから、子どもは聞いていられるんです。

もともとトロルというのは、こういう小さいヤギを食べてしまう恐ろしい存在だったわけです。そんなトロルと共存して生きていくのは、非常に大変なことですよね。

このお話は、ヤギのがらがらどんが、太るために向こうの山の「くさば」に行こうとするところから始まります。これは富を得るということですよね。食べたいときに食べるものがある、太る、ということは、豊かさや富を表しています。この昔話からは「富を獲得するためには、怖い目にも遭うよ。のんべんだらりとしていたら、富は獲得できないよ」ということも、伝わってきますよね。

また、そのときいちばん小さくて力のない生き物は、トロルのような怖い存在に食べられてしまうのかというと、そんなことはなくて、このお話には、「小さければ小さいなりに、生きるための知恵が備わっているよ。やがて苦労が積み重なって、力がつき、大きく立派に育てば、トロルのような怖い存在にも、自分の力で打ち勝って、しっかり生きていくことができるよ」と、子どもを励《はげ》ましてくれるお話でもあるんです。

昔話には、お話そのものに子どもを励ます力が備わっているということを、ぜひ知っておいてください。

◇受講者K

「先日、テレビ番組でピーターラビットのお話が紹介されたとき、『ピーターのお父さんはマクレガーさんに肉のパイにされてしまった』という部分だけが、怖い音楽とともに強調されていたことがありました。五歳の息子とそれを見てしまい、ピーターラビットの絵本を読むと、ちょっと怖いと言うようになってしまったんです。テレビを見せるんじゃなかったと反省しているのですが……」

それは、「本の読み聞かせのしかた」というテーマにも関わってくる話だと思います。読み聞かせしているグループのお母さん方から、どんなふうに読んであげるのがいいですかという質問が、よくあるんです。そして、たいてい、読み方のテクニックを聞きたがる方が多いんです。

でも、読み聞かせの基本は「素直に読む」ということです。

そして、さきほど「本を選ぶときに価値観が伝わるんですよ」と申し上げましたが、読み聞かせをするとき、読む人がその本をどういうふうに読み取っているのか、またお話をどういうふうに感じているのかによって、本を聞いている人たちへの伝わり方も、大きく変わってくるんです。

さきほど『おおきなかぶ』を読みました。福音館書店の絵本の活字は、大きさも形もみな同じですが、「うんとこしょ」の部分を、ここは力を入れているなと思えば、「うんッとこしょ」と読んだりしますよね。犬や猫が助っ人にきて、たくさんの力が重なってきたら、読み方もそれなりに変わっていきますよね。

ピーターラビットを紹介したテレビ番組についていえば、私、見ていないからどんなものかわかりませんが、「肉のパイにされてしまった」というのを強調していたのは、演出する方がその本をそういうふうに読み取ったということですよね。はっきり言って、それは間違った読み取り方だと思います。

ピーターラビットは畑を荒らすウサギです。人間に害を与える生き物です。だから、人間に食べられてしまうのは当然のことで、自然は弱肉強食の世界であるという事実を、わざわざ強調する必要はまったくないはずなんです。

もし、ウサギがお腹をすかせたライオンと同じ場所にいたら、やっぱりウサギは食べられてしまうでしょう。そういうことを子どもの本でごまかさずに、きちんと書くということは、とても大事なことだと思うんです。

私たち人間は、他から命をもらわなければ生きることができないですよね。肉であろうと、魚であろうと、野菜であろうと、他の命をいただいて生きていられるんですよ。自然本来の姿を知っていれば、食べ物をむだにはしないし、きっと食べ方も変わってきます。食事というものは命をいただいているんだということを、機会をとらえて、きちんと子どもに伝えることは大事ですよね。

だから、さっきのテレビでの読み取り方は、根本的なところで間違っていると思うし、そういう演出をする番組だとしたら、できれば、子どもには見せないほうがいいですよね。

◇受講者L

「うちの三歳の子に『三びきのやぎのがらがらどん』を読んであげたら、読んでいる途中で『目玉をくしざしにしていいの』と聞かれたから、『食べられそうになったからいいんだよ』と答えたんですが、読んであげる側がそんなふうでいいのかなぁ、と。それから、最後の『チョキン　パチン　ストン』の意味がよくわからなくて、どう言ったらいいんだろうと思ったりしたんです」

「チョキン、パチン、ストン」というのは、昔話にはよくある締めの言葉です。日本の昔話でも、「どっとはらい」、「めでたしめでたし」、「納屋のしたガーラガラ、あまざけなんとか……」のように、いろんなのがありますよね。それはそれでおもしろいんですけれども、特別に意味のあるものではなくて、これでお話はおしまいね、っていうだけのことです。いまで言う「おしまい、チャンチャン」という感じです。そんな終わり方は、外国の昔話にもあるんですよ。

それに、ここに語られていることは、現実とは違う物語の世界ですよね。「むかしむかし、あるところに……」というと、そこから現実とは違うお話の世界が始まります。子どもはそのお話の世界に入っていくんですね。そして、その世界から抜け出さないと、子どもにとってはいつまでもトロルの世界のなかに取り残されてしまう。それで

「チョキン、パチン、ストン」と魔法みたいな言葉をいれて、お話を終わらせるんです。

それから、「くしざしに」というのも、それはそのお子さんの感性とか、お母さんとの関係のなかで、わりとそういうのを気にする子と気にしない子がいます。そういうときにお母さんが、それにどう答えるかというのは、まさにお母さんの知恵の働かせどころでね。私、いまみたいなことを聞くと、「そのとき、あなたはなんて答えたの?」「あなたは、なんて言ったの?」って、逆にみんなに聞きたい気がするのね。そうすると、それぞれのお母さんの個性とか、その家の感じがわかるんですよ。いまのあなたの答えも、とってもおもしろいと思ったわ。

◇受講者M

「私は雰囲気を出した方がいいと思って、この本のトロルの言葉を怖い声色で子どもに読んであげていたんです。そうしたら、子どもから『怖いから、もうその読み方やめて。ふつうに読んで』と言われました。ふつうに読んだほうが、子どもは受け入れてくれたようでした」

ああ、それは、子どもにとっては正直な気持ちだろうと思います。声色を使うことはないのよ。こちらが白紙の状態で読んであげれば、子どもは素直にお話を受け取っていきます。だから、自信がないときは、素直に読んでいくことですね。声色を使わなくても、子どもは、ちゃんと怖いものは怖いものとしてわかっていると思いますし、お話の言葉だけで、小さいヤギなのか、中くらいなのか、大きいのかもちゃんと区別していきます。

◇受講者N

「うちの子も怖がりなところがあるから、読んであげているときに怖いと、ググっと体をくっつけてくるんです」

そういうのも、子育ての醍醐味よね。

そろそろ時間がなくなってしまいました。

今回の講座で、私がお伝えしたいことは、子どもに読んであげる本は、親や大人がまず読んでくださいということなんです。ご自分で読んで、その本を選ぶかどうかを、判断していただきたいと思います。まだまだお伝えしたいことはたくさんあるんですが、これで終わらせていただきます。

3　その後の勉強会から

於・東山絵本勉強会

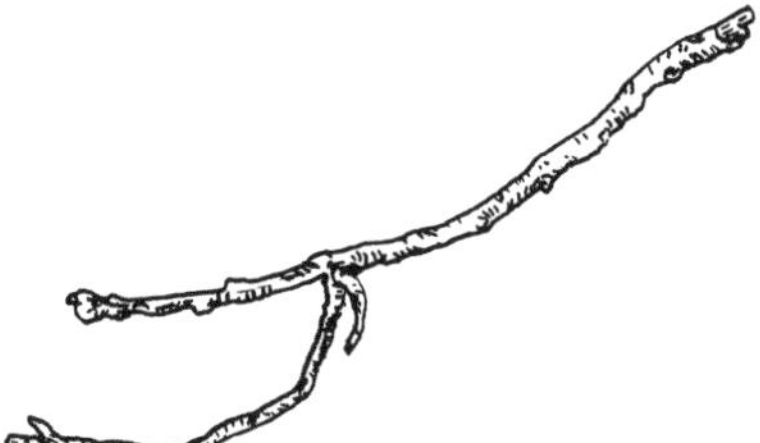

試行錯誤

私は、絵本についてみなさんの疑問や質問すべてに応えられるような、すべてに正解を持っているような人間ではありません。

私も小さいころから本が好きでしたけれど、いまのようにたくさんの本があるわけではありませんでした。そして娘が生まれたとき、自分の育ったときのことを思い返して、本を読んであげようとしましたら、絵本の世界がずいぶんと変わっていたんですね。それで、いろいろ探っていきました。当時、地方に住んでいたのですが、地方と東京とでは事情がずいぶん違うんだなということも、そのときにわかったりしました。単純にいえば、絵本については、私も試行錯誤の連続でした。

そのうちに、やっぱり子どもの本というのは、子どもが教えてくれるんだなということがわかってきました。また、子どもの本にかぎらず、「なにかを知る」ということは、「広くいろんなものが自分のなかに取り込まれたときに、自分自身のものを見る目が変わってくることだ」ということもわかってきました。

（二〇〇四年二月二十日）

たくさんの生活体験を

二歳過ぎになって本に入る前に、ある程度の生活体験をしていないと子どもはお話に興味を持たないということがあります。じゃあ、その前の年齢は、絵本とはまったく関係がないのかということ、そういうことではなくて、その時期は言葉を獲得していく大事な時期です。言葉に対する関心、言葉のリズムや音に対する関心が非常に強いときですから、このときに、わらべ唄や遊び唄をたくさん唄ってあげるとか、お友だちとそういう遊びをたくさんするとか、五感をうんと働かせて遊んでほしいんです。

土や草の上を転がったり、葉っぱを触ったり、匂いを嗅《か》いだり、いろんなものと触れ合って、体の持っている感覚が敏感なときに、たくさんいろんなことを体験してほしいんです。そういう体験が豊かであればあるほど、そのあとに入っていくお話の世界を豊かに体験できるということに繋《つな》がります。

（二〇〇四年二月二十日）

絵本を読んであげる十分間

子どもって、お母さんに絵本を読んでもらったときのことは、具体的にはあんまり覚えていないんですよ。「この本をお母さんがこう読んでくれた」ということは、時間が経つとあまり覚えていないんです。けれど、お母さんが自分のために気持ちのいい楽しいことや嬉しいことをしてくれた、というその気持ちはちゃんと残っているんです。よくトラウマって言われますが、嫌な思いをしたというのも、子どもは具体的なことは覚えてなくて、なんだかわからないけれど嫌な思いをしたという気持ちだけが残っているものなんです。

ですから、本を読んであげる十分や十五分という時間は、親にとって、家事をする貴重な時間かもしれませんが、自分と子どもとを一生繋げる大事なものが築かれる時間だと思って大事にしてください。

本を読んであげますとね、大人も楽しいんですよ。たかが子どもの本と思うかもしれないけれど、そのときに読んであげる本の質が高ければ、深い内容に大人も考えさせられ、気づかされることが多々あります。（二〇〇四年二月二十日）

字の形、美しさ

小さい子どもたちは、絵の字を見て、まねて書くということがあります。そのときに、ここに書いてある字を見て、日本語の字の形だけでなく、字の美しさも一緒に目にしているんです。絵本に印刷された字は、単に読めればいいというものではありません。どういう活字を使って、なにを表現しているかということを通じて、子どもは字にも関心を持っていくわけでしょ。

たとえば、「うさこちゃん」シリーズでおなじみのブルーナの本（リストNo.3）の作りは、端正で理知的だと思いませんか？　ピリッとした美しさを感じませんか。字の形、字の置かれた位置、それから字と絵のバランス。そういうことを、全部子どもは見ていて、それを総合的に取り込んでいるんです。大人はもういろいろ知っているから、見て、変だなと思えば取り込まないですますということができますが、子どもはみんな取り込んじゃうの。子どもの柔らかい脳みそにどんどん刷り込まれていっちゃうの。そして、子どもは気に入れば何回でも見ますから、どんな絵本を選ぶかということは、おろそかにはできないと思うの。

（二〇〇四年二月二十日）

絵本のことを「よく知る」ために

絵本を楽しむ、絵本のことをよく知るためには、どうすればいいのでしょうね。これはもう、一冊ずつ見ていくしかないと、私は思うんです。

一冊ずつ自分の目で見て、自分の耳でお話を聞いて、自分がどう感じたかとか、どのような感銘を受けたかとか、子どもに対してこの本はどんな力を持っているのかということを、自分の心で感じ、確かめていく。それしかないと思うんです。そうすることによって、はじめて総合的にその本の持っている力を確かめられる、感じ取っていくことができる。そのために、それなりの本をたくさん見ていく……それがいちばんの勉強法だと思っています。

宝石や骨とう品を鑑定する人が、どうやって本ものと偽ものを見分ける力をつけるのかというと、とにかく、本ものやいいものだけをたくさん見ていくんですね。そうやって見続けていくと感性が養われていき、ちょっと変なものやおかしなものを見たとき、理屈ではなくて、直感でそれがわかるようになります。

ですから、絵本についても、ほんとうはそれなりの作品をたくさん見ていく、触れていくということが、いちばんの勉強法ですが、それをやるのは、時間がかかるんです。

理想を言えば、感覚の鋭い小さなころから、そういう作品ばかりにずっと触れていくと、ある一定の年齢になりますと、なにかの作品を見たときに、あ、これは変だと感覚的にわかってきます。よい作品に出会ったときにも、ぱっとわかるようになるんです。

じゃあ、大人になっちゃったらもう遅いかというと、そんなことはなくて、人間というものは、いくつになっても新しい感覚を養うことはできますから、子どもが本をどういうふうに見ているかを観察しながら勉強していってくださいね。

（二〇〇四年四月十六日）

子どもの感性の基礎となるもの

日常生活のなかで、子どもがしょっちゅう触れているものや見ているものが、子どもの成長に大きな影響を与えるのだということを忘れないでください。言葉と同じように、幼い子が目で見ているものは、その子がこれから出会っていくものや、新たに見ていくものの基準、つまり、基礎になっているんです。

プラスチックの食器と、漆器やガラスの器、陶器を比べると、手触りもその取り扱いもまったく違いますよね。漆器を傷つけないようにとか、ガラスの扱いは丁寧にとか、そういうことをひとつひとつ教えていくのは親も大変です。でも、それを根気強く教えていくと、子ども自身がこれは大事に扱わなきゃいけないんだとか、こういう手触りなんだと思っていく。それは、子どもの「感覚」を育てている、ということですよね。

（二〇〇四年四月十六日）

リストについて

リストについて申し上げたいことがあります。目黒区東山での講演会の打ち合わせをしたときに「ただ本の題名だけ挙げられても、受講した方の記憶に残らないので、本を並べて表紙だけでも見ていただきましょう。そうすれば、図書館などでその本に再会したときに目にとまるようになりますから」と提案していただきました。そして、図書館から本を借りて展示しました。

そのとき、どの本をどの順番で並べようか、思いつくままに作ったのが、この絵本のリスト（巻末参照）です。そしてこの会で絵本を読みすすめていくうちに、みなさんから読み物のリスト（巻末参照）もほしいという声がでてきました。完璧なリストを作るというのは、非常に難しいことです。私の好みだけで絞り、限定してしまうことがいいことかどうなのかと、なかなか決心がつきませんでした。でも、「とりあえずこういう本があるよ」という軽い紹介の気持ちで作りました。

この作者はシリーズの作品が全部入っているけれど、別の作者はどうしてシリーズ作品すべてが載らないの？　と思われるものもあるでしょう。本の後ろを見ますと、作者の経歴や他の作品名が書かれていますので、もっと知りたいなと思ったなら、ご自分で調べて自主的に読んでみてください。私の一方的な評価だけ聞くのではなくて、みなさんがご自分で判断されることが望ましいと思っています。

あとね、「リストの本だけを読んでいけばいい」というふうには思わないでいただきたいの。子どもが、間違いのない本だけに出会っていくことがいいことなのかどうか、という疑問もあるんです。たいてい大人と子どもとの軋轢《あつれき》はそういうところから起きてくるんです。大人はどこかでいい本だと聞いてくると「これを読みなさい」と言うけれど、子どもは四、五年生にもなれば、友だちが薦めた本や大人の目から見ると好ましくない本は読んでも、親が押しつけた本は読みません。大人が無理に薦めると、子どもが本から離れていくという逆効果になってしまうこともあります。だから、子どもに絶対これだけ読ませようとは思ってほしくないし、子どもも自分で読んで、自分なりの楽しみを見つけていってほしいと思います。

でも、リストに載せたような本があるということをお知らせしなければ、ずっとその本の存在を知らないままになってしまいますので、こんな本もあるのかという足しにはなるかなと思っています。リストはその程度のものだと思って、ごらんいただきたいと思います。そして、ここから先はみなさんの判断で、みなさんがご自分のリストを作っていくものだと思ってください。

（二〇〇四年十一月十日）

受け継がれていくもの

東山絵本勉強会・学校図書館司書　星　望

二〇〇三年夏、東京都目黒区立東山社会教育館での講演について打ち合わせをするため、私は駅の改札で向井さんを待っていました。そのとき、「星さんですか?」とかけてくださった声が、とてもさわやかでくっきりと耳に響いたことが、いまでも印象に残っています。そして打ち合わせの間中、子育てと絵本について話された言葉がすとんと心に落ち、この話が講演会だけで終わってしまうのはもったいない、これはぜひ記録に残さなければと強く感じ、その場で、講演会を録音することの了承をいただきました。

講演会をきっかけに立ち上がった東山絵本勉強会で、あらためて講演記録を本にしたいとお願いすると、「私が話していることは、以前から、いろいろな方がお話されているのと同じよ」と渋っておられましたが、最後は「星さんがやりたいのね。それならしょうがないわね」と折れてくださり、冊子を作ることができたのです。それが、この本の底本になりました。

今回、この項を書くにあたり、童話屋で一緒に働いた経験をもつ方や、ほかの勉強会で向井さんと交流のあった方々から直接お話をうかがいました。向井さんの魅力は、気さくな人柄、言葉づかいや話しぶり、本を読むときの声、その読み方にあったと誰もが言います。

ここで生前の向井さんがどのような活動をされていたのか、その様子を一部ですがご紹介したいと思います。

東山絵本勉強会での向井さんは、童話屋読書相談員という経歴のほかは、ご自分のことはいっさい話されませんでした。それよりも「大人のみなさんにたくさんの本を知って欲しいの。どういう本がよくて、どういう本を子どもに読ませたいと思うのか。本を読んで、しっかり感じて欲しいの」と話され、向井さんの話をもっと聞きたいという方が会員になっていました。年に十一回の勉強会でしたが、会員数は十四年間で通算三〇〇人を超えました。

一九九〇年代の童話屋の渋谷店では、「向井惇子さんのお部屋」というおはなし会が数ヶ月に一度開かれていました。そこでは、事前に用意した絵本のほかに、その場にいる子どもたちに合った絵本を即興で選んで、読まれていたのだそうです。いつも五組くらいの親子と、そこに居合わせたお客様が聞いていていました。「絵本を解説する言葉を連ねるより、子どもと同じように大人も味わうことがいちばん」というのは、読書相談員として仕事をされているときからの思いだったようです。

また、旧知の仲だった伊藤千代子さんが創設した神奈川県川崎市の宮前区小学校図書ボランティアの会（以下、宮前区…の会）が開催する小学校での読み聞かせ連続講座（二〇〇四年〜）に、講師の一人として関わるようになりました。その後、同じく川崎市の中原区子どもと本を考える会が、同じ内容の連続講座を二〇一三年から開催するようになり、ここでも向井さんは講師を務められました。これらの連続講座には、受講者同士がお互いに絵本を読み合うカリキュラムがあります。宮前区…の会では二ヶ月に一度「おとなのための絵本を楽しむ集い」も開いており、向井さんは「本を読んでもらうのって、何歳になってもいいわね」と、それらの集まりをとても楽しみにされていたそうです。

また、「小さい子のいるお母さんたちがいらっしゃるところなら、どこにでも行くわよ」と、いつもおっしゃっていた向井さんの言葉を受け止めて、すでに自分の子育てが一段落したメンバーの多い勉強会では、子育てを始めたばかりのお母さんたちに向けた新しい講座を企画することが増えていきました。

宮前区…の会では、当時の代表の伊藤千代子さんと、子育てのわらべ唄を伝える神谷ひろ子さん、向井さんの三人の講師による講座「子どもと絵本の初めてのであい」（二〇〇七〜二〇〇九年）や「向井惇子さんの絵本談議」（二〇一〇年〜）を開催しました。ちなみに、向井さんがリスト選定にも関わられたブックリスト『私たちが選んだはじめてであう絵本　2歳半から』（宮前区…の会・宮前文庫グループ作成）の最後のページには、絵本に対する向井さんの思いが綴られています。

宮前文庫グループでは、「子どもと絵本の初めての出会い　絵本を読み聞かせるその前に」（二〇〇六年）を開催し、それぞれの文庫で定期的に向井さんのお話会が始まりました。からす森えほんの会は「はじめての絵本えらび」（二〇〇七年〜）を毎年開催し、東山絵本勉強会は「心を育てる絵本選び」（二〇一三年）を開催しました。

亡くなられた二〇一七年当時、講師を務める（予定も含めて）勉強会や団体の数は十一もあったことがわかり、向井さんが多くの人から慕われていたことがうかがえます。

晩年の向井さんは、「もうあなたたちが伝えなさい。あなたたちの言葉で語りなさい」と、常々おっしゃっていました。バトンを渡されたいま、動き始めた方々が現れています。

「これまで連続講座で学んだ方は中原区に二二〇人以上いるんです。この方々がそれぞれの学校に持ち帰って、さらに広げてくださっていることを思うと、この会をやめてはいけないと強く思っています。次の計画を立てて始めたところです」（川崎さん）

「保育園の先生や保護者の方々に、絵本についてお話する機会があるんです。大切なことを心にとめつつ、あの凛とした声を思い出しながら話しています」（赤井さん）

「少しでも多くの方々にたくさんの本を紹介したいと思い、私の文庫では『名作児童文学を楽しむ読書会』を始めました」（髙森さん）

「地域児童センターに、絵本を通じた子育てサークル『こねこのぴっちの会』を立ち上げました。子どもがよく歩きまわるので、図書館のお話会すら行きづらいという若いお母さんがいらっしゃるのに気づいて、そんな親子が気軽に遊びにきて、絵本を通じておしゃべりできる会があったらいいねって。自分のやり方で、いまの人たちに少しでも伝えていけたらいいなと思っています」（吉満さん）

「児童館に本を揃えて、子育て中のお母さんたちに、本のことを伝える活動をしています。いつも決まった時間にその場所に行けば、絵本のことや選び方を知ることができるという環境を整えて、それを続けていくことが大事だと思っています」（井澤さん）

向井さんから絵本や子どもの本について学ぶうちに、公共図書館や学校図書館で働き始めた人も少なくありません。かくいう私もそのひとりです。

しっかりした本に段階を踏んで出会っていくことが、本を好きになる道筋だと確信したのは、司書になって三年目の出来事でした。

ある日、二年生のクラスの先生から「読み聞かせをしたいのだけど、どんな本がいいのでしょう」と相談を受けました。そのクラスは、読書を楽しめない子が目立って多いクラスでした。そこで、向井さんのリストを核にして選んだ絵本十冊を、先生に手渡しました。その日から先生は、毎日、読み聞かせをされました。ときには、朝、休み時間、給食の前、帰りの会と、一日四回読み聞かせなさったこともあったそうです。読んだ本は教室に置き、子どもたちがいつでも自由に手に取って読めるようにしておられました。私は、先生が読み終わるころに次の十冊を渡し、読み終えそうなときにまた渡し……ということを繰り返していました。三週間が過ぎたころ、最後まで本に興味を示していなかった子が、突然、置いてある本を手に取って読み始めたそうです。「ぼく、本好きなんだ」と言いながら。それはディック・ブルーナの絵本でした。そして二ヶ月を過ぎるころ、図書の時間にやってきたそのクラスは、全員が読みたい本をそれぞれ選んで静かに読むクラスに変わっていました。

子どもの心に、絵本が残すものについて、こんなエピソードもありました。

「文庫に通ってくる二歳の男の子が、飾ってあったぬいぐるみを見て『この子に名前をつけたい。名前は、そこここ君』と言ったんです。その子は家で『おやすみなさい　お

つきさま』を読んでもらっているんですよ。あらためて本のことを伝えていかなければと思いました」（下岡さん）

『おやすみなさい　おつきさま』の最後のページには「おやすみなさい　そこここできこえるおとたちも」というフレーズがあります。ぬいぐるみに「そこここ君」と名づけた二歳の男の子の心の中には、いったいどんな世界が広がっているのでしょう。また、男の子の心の世界に気づく大人がその子の周囲にいるということは、なんて幸せなことなのでしょう。

子どもたちがしっかりした内容の本に出会うこと、またそれを読んでもらうこと、さらに読んだ本について共感しあえる人が周囲にいることは、人が人らしく成長するための大切な環境のひとつであると思います。ＡＩ時代が目前に迫り、人にしかできないことは何かということが議論される時代だからこそ、子どもたちと本との出会いをおろそかにしてはいけないと、強く感じます。ＡＩやロボットが絵本のデータ蓄積や分析に長けていたとしても、目の前のぬいぐるみを見たとき、「そこここ君」と名づけようなどと思いつくものでしょうか。また、本を読むことでその子の心の世界が変わったことに、AIやロボットが気づいてくれるでしょうか。
本を知ることは、本を楽しむことにつながり、それは人の行動も大きく変えていきます。子育てという視点から、絵本選びについて語ってこられた向井さんの言葉は、この本の中にたくさん残されています。この言葉を次の人たちに伝えていくことは、これからの時代において、よりいっそう大切になっていくのではないでしょうか。その担い手となる方がひとりでも増え、すてきな読書体験を味わう子どもたちがひとりでも増えることを願ってやみません。

この項を書くにあたり、向井惇子さんの思い出話をたくさん聞かせてくださった以下のみなさまに感謝申し上げます。（順不同、敬省略、お名前の下の（　）は、ほかにも参加されていた向井さんが講師のグループ名・現在の活動グループ名・職業）
■「子どもの本の会」本田淳子、赤井素子（ママの絵本サークル・アンガスの会）、中嶋美晴、岡本久美子（学校図書館司書）■「宮前区小学校図書ボランティアの会」秋元澄子（おし沼子ども文庫・公共図書館司書）、柳澤啓子（ママの絵本サークル）、宮部弘美、山下真紀子（おし沼子ども文庫・学校図書館司書）■「宮前文庫グループ」下岡朋子（あおいやねの文庫〔あおい目のこねこの会〕）、吉満史代（ひなぎく文庫・こねこのぴっちの会）、鴨志田由美（本のひろばランパンパン・こねこのぴっちの会）、髙森ゆかり（ありまよむよむ文庫〔ムーミンママの会・名作児童文学を楽しむ読書会〕）■「中原区子どもと本を考える会」川崎眞喜子■「東山絵本勉強会」井澤博美（からす森えほんの会）、沼尾良子（中原区子どもと本を考える会）、海保由子（学校図書館司書）、水戸留美子、木野由美子、田辺靖子（学校図書館勤務）、菅原幸子（元たまプラーザ童話屋書店員・教文館子どもの本のみせナルニア国書店員）

『おやすみなさい　おつきさま』マーガレット・ワイズ・ブラウン　さく　クレメント・ハード　え　せたていじ　やく　評論社

おわりに

ヒッポ、アンガス、ハリー、それからシルベスター、くんちゃん、ぴっち。編集作業のために再会することになった、本書で紹介された絵本の主人公たちとは、子ども時代に初めて会って以来、私自身が子育てしていたときにまた出会い、今回は少し膝を突き合わせて向き合うことになりました。

これらの主人公は、私にとっては登場人物という「赤の他人」でも、「お友だち」でもありません。彼らは、私の身代わりのように冒険に出かけ、ときには素晴らしい仲間たちに出会い、ときには失敗をおかしながら、あたたかい安全な場所に必ず戻ってくるのです。

主人公たちと同化していたというわけでもありません。本を読んでいるときには確実に、読んでいる自分がいることを感じていました。

私の「分身」である主人公たちのお話は、昨日とは違う自分を反映しながら変化して、何回読んでも楽しむことのできるものでした。これらの本を読んだ子どもの数だけ、そして絵本を手渡して子どもに読んであげた周りの大人の数だけ、ヒッポやアンガスといった主人公たちは、変幻自在に、ひっそりと、しかし確実に、読者の人生に寄り添って存在しているのではないでしょうか。

母が死んでしまい、心に闇のようなかたまりがしのびよりました。小さいころから、黒猫が道を横切るのを見たら、両手の親指を隠すことが習慣になっていました。親にとってよくないことが起こるのを防ぐと誰かからきいたおまじないみたいなものです。母が死んで初めて黒猫が道を横切ったのを見たときに「ああもう、親指を隠す必要がないのだな」と思ったものです。でも、悲しみながらも死を受け入れることはそれほど困難ではありませんでした。

私を支え励ましてくれた人たちなしにはこのような人生の軌道修正は容易ではなかったでしょう。昔からの友人、新たに出会った方々、日本に住む知り合い、遠くアメリカからエールを送ってくれた多くの人々が、立ちあがり前を向いて歩んでいく力をくれました。

もうひとつ同じくらい私に力を与えてくれたのが昔から読んできた子どもの本のかずかずでした。

読んでいた当時には気がつきませんでしたが、ひとつのお話が終わってしまう寂しさや、本のなかで追体験した別れを通して、徐々に、一見絶望的に見える決別からも必ず新しい始まりが生まれ、希望という光が射し込んでくるということが確信できるようになったのです。

幼いときに読んだ『ラチとらいおん』という本では、小さなライオンが主人公の弱虫ラチの成長を助けます。でもお話のおわりに、ライオンが入っていると思っていたズボンの後ろポケットに入っていたのは実はリンゴだったというページがあり、私は何回も何回も前のページに戻って、本当にライオンは行ってしまったのか、いつリンゴとすり替わってしまったのか、もう二度とあのライオンには会えないのかと、奈落の底に落とし入れられたような感情を味わいました。まだまだとても小さいころのことです。

『赤い目のドラゴン』という本では、気の強い小さなドラゴンが、ある日突然、前ぶれもなく夕暮れの空に飛び立って去っていくという、心が破裂するくらい悲しい別れがありました。

クマのプーさんの話も有名な別れで終わります。『プー横丁にたった家』の最後の章でクリストファーロビンとプーはつれだって魔法の場所である「ギャレオンくぼ地」に出かけます。そこでクリストファーロビンはプーに「ぼく、もうなにもしないでなんか、いられなくなっちゃったんだ」と告白します。はっきりとは言っていませんが、学校に行ったり勉強をしたりという、実用的かつ現実的な世界の住人になる（子どもから大人になっていく）という意味です。二人の世界は避けることのできない別れと終末の気配に包まれます。

ただし、前に例で挙げた二つのお話とは違い、ここでは再会の可能性がほのめかされます。プーがここ（魔法の場所）に来るならクリストファーロビンも来ると約束するからです。「プー、ぼくのことわすれないって約束しておくれよ。ぼくが百になっても」というクリストファーロビンのセリフは、読者である私に希望を与えつづけます。

人生を一冊の本にたとえるならば、向井惇子というお話は最後のページまで書き込まれ、そして本は閉じられました。終わらない本など（ミヒャエル・エンデでないかぎり）ないのですから。しかし私たちはその本をまた開いてみることができます。母のことを知る方々と思い出話をしているときには、失った悲しさよりも、また母のことを話すことができる幸福感が勝り、セピア色のフィルターを通して魔法の場所を眺めているような甘酸っぱい感情が生まれます。

本書で語られていることは、本の持つ「魔法の力」を信じていた母が、幼い子どもたちにすぐれた本を手渡したいという願いから生まれてきたものです。「よい本、悪い本」と区別したり、出版社や書店を批判したりすることが趣旨ではないことを、心にお留めおきいただければ幸いです。母が生前十五年前におこなった講演を元に編集したため、紹介されている本のなかには絶版や版元品切れになっているものもあります。そのような本は、図書館などで確認することができればと思い、あえてリストに残すことにしました。

「本について一緒に考えましょ」とゆったり構え、一人一人の意見が必ず認められ受け入れられた、というのが多くの講座参加者からの感想でした。母のことを今回初めて知った方々にも、なごやかであたたかい印象を、読後に持っていただけたら嬉しいです。

未来を担う子どもたちが、失敗を恐れない丈夫な心を持ち、柔らかい感情を持って育つために、これからも絵本選びの大切さを伝え広げていくことができればと思っております。

二〇一八年十月　ニューヨークにて　向井ゆか

『ラチとらいおん』マレーク・ベロニカ ぶんとえ　とくながやすもとやく　福音館書店
『赤い目のドラゴン』リンドグレーン文　ヴィークランド絵　ヤンソン由実子訳　岩波書店
『プー横丁にたった家』A. A. ミルン作　石井桃子訳　岩波書店

本の掲載を許可してくださった関係各社様に
あらためてここで感謝します。

講演時に展示した100冊リスト

	書名	作者	出版社
1	おおきなかぶ	ロシア民話　A.トルストイ 再話　内田莉莎子 訳　佐藤忠良 画	福音館書店
2	おやすみなさい おつきさま	マーガレット・ワイズ・ブラウン さく クレメント・ハード え　せたていじ やく	評論社
3	ちいさなうさこちゃん	ディック・ブルーナ ぶん・え　石井桃子 やく	福音館書店
4	ふしぎなたまご	ディック・ブルーナ ぶん・え　石井桃子 やく	福音館書店
5	ちいさなさかな	ディック・ブルーナ ぶん・え　石井桃子 やく	福音館書店
6	ねずみのいえさがし	ヘレン・ピアス さく　まつおかきょうこ やく	童話屋
7	ねずみのともだちさがし	ヘレン・ピアス さく　まつおかきょうこ やく	童話屋
8	よかったね ねずみさん	ヘレン・ピアス さく　まつおかきょうこ やく	童話屋
9	ぼくにげちゃうよ	マーガレット・W・ブラウン ぶん クレメント・ハード え　いわたみみ やく	ほるぷ出版
10	こわいわるいうさぎのおはなし	ビアトリクス・ポター さく・え　いしいももこ やく	福音館書店
11	おおきなのはら	ジョン・ラングスタッフ 文　さくまゆみこ 訳 フョードル・ロジャンコフスキー 絵	光村教育図書
12	ガンピーさんのふなあそび	ジョン・バーニンガム さく　みつよしなつや やく	ほるぷ出版
13	ちいさな ヒッポ	マーシャ＝ブラウン さく　うちだりさこ やく	偕成社
14	アンガスとあひる	マージョリー・フラック さく・え　瀬田貞二 やく	福音館書店
15	アンガスとねこ	マージョリー・フラック さく・え　瀬田貞二 やく	福音館書店
16	まりーちゃんとひつじ	フランソワーズ 文・絵　与田準一 訳	岩波書店
17	バーニンガムのちいさいえほん 1　ゆき	ジョン・バーニンガム 作　谷川俊太郎 訳	冨山房
18	バーニンガムのちいさいえほん 4　いぬ	ジョン・バーニンガム 作　谷川俊太郎 訳	冨山房
19	バーニンガムのちいさいえほん 7　うさぎ	ジョン・バーニンガム 作　谷川俊太郎 訳	冨山房
20	とらたとまるた	なかがわ りえこ ぶん　なかがわ そうや え	福音館書店
21	わたしとあそんで	マリー・ホール・エッツ ぶん・え　よだじゅんいち やく	福音館書店
22	こすずめのぼうけん	ルース・エインズワース 作　石井桃子 訳　堀内誠一 画	福音館書店
23	三びきのやぎのがらがらどん	北欧民話　マーシャ・ブラウン え　せたていじ やく	福音館書店
24	おだんごぱん	ロシア民話　せた ていじ やく　わきた かず え	福音館書店
25	パンはころころ ― ロシアのものがたり	マーシャ・ブラウン 作　やぎたよしこ 訳	冨山房
26	まよなかのだいどころ	モーリス・センダック さく　じんぐうてるお やく	冨山房
27	せきたんやのくまさん	フィービとセルビ・ウォージントン さく・え いしい ももこ やく	福音館書店
28	パンやのくまさん	フィービとセルビ・ウォージントン さく・え まさき るりこ やく	福音館書店

	書　名	作　者	出版社
29	うえきやのくまさん	フィービとジョーン・ウォージントン さく・え まさき るりこ やく	福音館書店
30	ゆうびんやのくまさん	フィービとセルビ・ウォージントン さく・え まさき るりこ やく	福音館書店
31	くんちゃんのだいりょこう	ドロシー・マリノ 文／絵　石井桃子 訳	岩波書店
32	くんちゃんはおおいそがし	ドロシー・マリノ さく　まさきるりこ やく	ペンギン社
33	くんちゃんのはたけしごと	ドロシー・マリノ さく　まさきるりこ やく	ペンギン社
34	くんちゃんのもりのキャンプ	ドロシー・マリノ さく　まさきるりこ やく	ペンギン社
35	くんちゃんのはじめてのがっこう	ドロシー・マリノ さく　まさきるりこ やく	ペンギン社
36	くんちゃんとふゆのパーティー	ドロシー・マリノ さく　あらいゆうこ やく	ペンギン社
37	もりのともだち	マーシャ・ブラウン 作　八木田宜子 訳	冨山房
38	そらにかえれた　おひさま	ミラ・ギンズバーグ／ぶん ホセ・アルエーゴ エーリアン・デューイ／え さくまゆみこ／やく	アリス館
39	ちいさいしょうぼうじどうしゃ	ロイス・レンスキー ぶん・え　わたなべ しげお やく	福音館書店
40	どろんこハリー	ジーン・ジオン ぶん　マーガレット・ブロイ・グレアム え わたなべしげお やく	福音館書店
41	あおい目のこねこ	エゴン・マチーセン　せた ていじ やく	福音館書店
42	どうながのプレッツェル	マーグレット・レイ ぶん　H. A. レイ え わたなべ しげお やく	福音館書店
43	げんきなマドレーヌ	ルドウィッヒ・ベーメルマンス 作・画　瀬田貞二 訳	福音館書店
44	ひとまねこざる	H. A.　レイ 文、絵　光吉夏弥 訳	岩波書店
45	ぐりとぐら	なかがわりえこ と おおむらゆりこ	福音館書店
46	かいじゅうたちのいるところ	モーリス・センダック さく　じんぐうてるお やく	冨山房
47	くれよんのはなし	ドン・フリーマン さく　さいおんじ さちこ やく	ほるぷ出版
48	ブラック・サンボくん	ヘレン・バナマン ぶん　阪西明子 え　山本まつよ やく	子ども文庫の会
49	ことばあそびうた	谷川俊太郎 詩　瀬川康男 絵	福音館書店
50	木はえらい　イギリス子ども詩集	谷川俊太郎・川崎 洋 編訳	岩波書店
51	もりのなか	マリー・ホール・エッツ ぶん／え　まさき るりこ やく	福音館書店
52	こねこのぴっち	ハンス・フィッシャー 文／絵　石井桃子 訳	岩波書店
53	おりこうなアニカ	エルサ・ベスコフ さく・え　いしい としこ 訳	福音館書店
54	ブルーベリーもりでのプッテのぼうけん	エルサ・ベスコフ さく・え　おのでら ゆりこ やく	福音館書店
55	ラン　パン　パン ―― インドみんわ	さいわ マギー・ダフ　やく 山口文生 え ホセ・アルエゴ／アリアンヌ・ドウィ	評論社

	書　名	作　者	出版社
56	だいくとおにろく	松居 直 再話　赤羽末吉 画	福音館書店
57	みんなのベロニカ	さく・え ロジャー・デュボアザン　やく 神宮輝夫	童話館出版
58	がちょうのペチューニア	ロジャー・デュボアザン 作　まつおか きょうこ 訳	冨山房
59	ふわふわくんとアルフレッド	文・絵 ドロシー・マリノ　訳 石井桃子	岩波書店
60	ピーターラビットのおはなし	ビアトリクス・ポター さく・え　いしいももこ やく	福音館書店
61	チム・ラビットのぼうけん	A・アトリー 作　石井桃子 訳　中川宗弥 画	童心社
62	くまのテディ・ロビンソン	ジョーン・G・ロビンソン さく・え　坪井郁美 やく	福音館書店
63	はたらきもののじょせつしゃけいてぃー	ぶんとえ ばーじにあ・りー・ばーとん　やく いしいももこ	福音館書店
64	マイク・マリガンとスチーム・ショベル	ぶんとえ ばーじにあ・りー・ばーとん　やく いしいももこ	童話館出版
65	みみずくと３びきのこねこ	アリス&マーティン・プロベンセン さく／きしだえりこ やく	ほるぷ出版
66	シナの五にんきょうだい	クレール・H・ビショップ ぶん　クルト・ヴィーゼ え かわもと さぶろう やく	瑞雲舎
67	ロッタちゃんとじてんしゃ	リンドグレーン さく　ヴィークランド え　やまむろ しずか やく	偕成社
68	ちいさいロッタちゃん	リンドグレーン 作　ヴィークランド 絵　山室 静 訳	偕成社
69	チムとゆうかんなせんちょうさん	エドワード・アーディゾーニ さく　せたていじ やく	福音館書店
70	ゼラルダと人喰い鬼	トミー・ウンゲラー　たむら りゅういち・あそう くみ やく	評論社
71	ロバのシルベスターとまほうの小石	ウィリアム・スタイグ さく　せたていじ やく	評論社
72	かあさんのいす	ベラ B. ウィリアムズ 作・絵　佐野洋子 訳	あかね書房
73	スーホの白い馬	大塚勇三 再話　赤羽末吉 画	福音館書店
74	マリールイズいえでする	さく／N. S. カールソン え／J. アルエゴ, A. デューイ　やく／星川菜津代	童話館出版
75	あくたれラルフ	さく ジャック・ガントス え ニコール・ルーベル　やく いしいももこ	童話館出版
76	はなのすきなうし	おはなし マンロー・リーフ　え ロバート・ローソン やく 光吉夏弥	岩波書店
77	ペニーさん	マリー・ホール・エッツ 作・絵　松岡享子 訳	徳間書店
78	へびのクリクター	トミー・ウンゲラー　中野完二 訳	文化出版局
79	エルマーのぼうけん	ルース・スタイルス・ガネット さく ルース・クリスマン・ガネット え　わたなべ しげお やく	福音館書店
80	しろいゆき　あかるいゆき	さく アルビン・トレッセルト え ロジャー・デュボアザン　やく えくに かおり	BL出版
81	ロバのおうじ	グリム童話より　M. ジーン・クレイグ さいわ バーバラ・クーニー え　もきかずこ やく	ほるぷ出版
82	時計つくりのジョニー	エドワード・アーディゾーニ 作　あべ きみこ 訳	こぐま社

	書　名	作　者	出版社
83	赤い目のドラゴン	リンドグレーン 文　ヴィークランド 絵　ヤンソン由実子 訳	岩波書店
84	ちいさい おうち	ばーじにあ・りー・ばーとん ぶんとえ　いしいももこ やく	岩波書店
85	まいごになったおにんぎょう	A．アーディゾーニ 文 E．アーディゾーニ 絵　石井桃子 訳	岩波書店
86	りすの パナシ	リダ・フォシェ 文　フェードル・ロジャンコフスキー 絵 いしい ももこ 訳編	童話館出版
87	野うさぎの フルー	リダ・フォシェ 文　フェードル・ロジャンコフスキー 絵 いしい ももこ 訳編	童話館出版
88	かわせみの マルタン	リダ・フォシェ 文　フェードル・ロジャンコフスキー 絵 いしい ももこ 訳編	童話館出版
89	ビロード うさぎ	ぶん マージェリィ・ウィリアムズ　やく いしいももこ え ウィリアム・ニコルソン	童話館出版
90	せいめいのれきし 改訂版	バージニア・リー・バートン 文・絵 いしいももこ やく　まなべまこと 監修	岩波書店
91	トロールものがたり	さく・え イングリ・ドーレア　エドガー・ドーレア やく へんみ まさなお	童話館出版
92	大どろぼうホッツェンプロッツ	プロイスラー 作　中村浩三 訳	偕成社
93	イギリスとアイルランドの昔話	石井桃子 編・訳　J・D・バトン 画	福音館書店
94	まほうの馬	A・トルストイ M・ブラートフ 文 E・ラチョフ 絵　高杉一郎・田中泰子 訳	岩波書店

大人にぜひ読んでもらいたい絵本

95	すばらしいとき	ぶんとえ ロバート・マックロスキー やく わたなべ しげお	福音館書店
96	赤ちゃんのはなし	マリー・ホール・エッツ ぶん・え 坪井郁美 やく	福音館書店

「子育てと絵本」について、より深く考えるために

97	幼い子の文学	瀬田貞二 著	中央公論新社
98	サンタクロースの部屋 ――子どもと本をめぐって――	松岡享子	こぐま社
99	すぐれた絵本	マーシャ・ブラウン　山本まつよ 訳	子ども文庫の会
100	ウォルト・ディズニーの功罪	F・C・セイヤーズ　聞きて C・M・ワイゼンバーグ 訳者 八島光子	子ども文庫の会

※▒▒＝読みもの　※現在品切れ中の書籍も含まれております。図書館などで探してみてください。

東山絵本勉強会で配られた読みものリスト

題　名	作　者	出版社
ねずみのウーくん	マリー・ホール・エッツ 作　たなべいすず やく	冨山房
ペニーさんと動物家族	マリー・ホール・エッツ 作・絵　松岡享子 訳	徳間書店
テディ・ロビンソンまほうをつかう	ジョーン・G・ロビンソン さく・え　坪井郁美 訳	福音館書店
クマのプーさん　プー横丁にたった家	A. A. ミルン 作　石井桃子 訳	岩波書店
やかまし村の子どもたち	アストリッド・リンドグレーン 作　大塚勇三 訳	岩波書店
やかまし村の春・夏・秋・冬	アストリッド・リンドグレーン 作　大塚勇三 訳	岩波書店
やかまし村はいつもにぎやか	アストリッド・リンドグレーン 作　大塚勇三 訳	岩波書店
おもしろ荘のリサベット	アストリッド・リンドグレーン 作　石井登志子 訳	岩波書店
グレイ・ラビットのおはなし	アリソン・アトリー 作　石井桃子／中川李枝子 訳	岩波書店
こぎつねルーファスのぼうけん	アリソン・アトリー 作　石井桃子 訳	岩波書店
ポリーとはらぺこオオカミ	キャサリン・ストー 作　掛川恭子 訳	岩波書店
海のおばけオーリー	M. H. エッツ 文／絵　石井桃子 訳	岩波書店
百まいのドレス	エレナー・エスティス 作　ルイス・スロボドキン 絵 石井桃子 訳	岩波書店
クリスマス人形のねがい	ルーマー・ゴッデン 文　バーバラ・クーニー 絵　掛川恭子 訳	岩波書店
神の道化師	トミー・デ・パオラ さく　ゆあさふみえ やく	ほるぷ出版
元気なポケット人形	ルーマー・ゴッデン 作　猪熊葉子 訳	岩波書店
小さなスプーンおばさん	アルフ＝プリョイセン 作　大塚勇三 訳	学研
魔法使いのチョコレート・ケーキ ──マーガレット・マーヒーお話集	マーガレット・マーヒー 作　シャーリー・ヒューズ 画 石井桃子 訳	福音館書店
ファージョン作品集１　年とったばあやのお話かご	エリナー・ファージョン 作　石井桃子 訳	岩波書店
きつねものがたり	ヨセフ・ラダ さく／え　うちだりさこ 訳	福音館書店
スクーターでジャンプ！	ベラ・B・ウィリアムズ 作・絵　斎藤倫子 訳	あかね書房
ゆかいなホーマーくん	マックロスキー 作　石井桃子 訳	岩波書店
ペニーの日記読んじゃだめ	ロビン・クライン 作　アン・ジェイムズ 絵　安藤紀子 訳	偕成社
ムーミン童話全集（全９巻） ムーミン谷の彗星	トーベ・ヤンソン 作・絵 下村隆一／山室 静／小野寺百合子／鈴木徹郎／冨原眞弓 訳	講談社

題　名	作　者	出版社
魔法のアイロン	ジョーン・エイキン 作　猪熊葉子 訳	岩波書店
みどりの小鳥――イタリア民話選	イタロ・カルヴィーノ 作　河島英昭 訳	岩波書店
カラスだんなのおよめとり ――アラスカ・エスキモーのたのしいお話	チャールズ・ギラム 文　石井桃子 訳	岩波書店
トンボソのおひめさま ――フランス系カナダ人のたのしいお話	バーボー、ホーンヤンスキー 文　石井桃子 訳	岩波書店
りこうなおきさき――ルーマニアのたのしいお話	モーゼス・ガスター 文　光吉夏弥 訳	岩波書店
山の上の火――エチオピアのたのしいお話	クーランダー、レスロー文　渡辺茂男 訳	岩波書店
かぎのない箱――フィンランドのたのしいお話	ボウマン、ビアンコ 文　瀬田貞二 訳	岩波書店
まほうの馬――ロシアのたのしいお話	A・トルストイ、M・ブラートフ 文　高杉一郎・田中泰子 訳	岩波書店
白いりゅう 黒いりゅう――中国のたのしいお話	賈芝・孫剣冰 編　君島久子 訳	岩波書店
ポルコさま ちえばなし――スペインのたのしいお話	ロバート・デイヴィス 文　瀬田貞二 訳	岩波書店
天からふってきたお金――トルコのホジャのたのしいお話	アリス・ケルジー 文　岡村和子 訳	岩波書店
ものいうなべ――デンマークのたのしいお話	メリー・C・ハッチ 文　渡辺茂男 訳	岩波書店
千びきのうさぎと牧童――ポーランドのたのしいお話	ポラジンスカ 文　内田莉莎子 訳	岩波書店
完訳　グリム童話集　1・2・3・4・5	金田鬼一 訳	岩波書店
ノルウェーの昔話	アスビョルンセンとモー編からエーリク・ヴェーレンシオルほか 画 大塚勇三 訳	福音館書店
しずくの首飾り	ジョーン・エイキン 作 ヤン・ピアンコフスキー 絵　猪熊葉子 訳	岩波書店
ドリトル先生ものがたり（全12冊） ドリトル先生アフリカゆき	ヒュー・ロフティング 作　井伏鱒二 訳	岩波書店
日本昔話百選	稲田浩二・稲田和子 編著　丸木位里・丸木俊 絵	三省堂
ふしぎの国のアリス	ルイス・キャロル 作　芹生一 訳	偕成社
やぎと少年	アイザック・B・シンガー 作 M・センダック 絵　工藤幸雄 訳	岩波書店
ファージョン作品集3　ムギと王さま	エリナー・ファージョン 作　石井桃子 訳	岩波書店
火のくつと風のサンダル	ウルズラ＝ウェルフェル 作　関 楠生 訳	童話館出版

題　名	作　者	出版社
黒ねこの王子カーボネル	バーバラ・スレイ 作　山本まつよ 訳	岩波書店
隊商　キャラバン	ハウフ 作　高橋健二 訳	岩波書店
宝島	スティーブンスン 作　海保眞夫 訳	岩波書店
ホビットの冒険	J. R. R. トールキン 作　瀬田貞二 訳	岩波書店
アラビアン・ナイト　上・下	ディクソン 編　中野好夫 訳	岩波書店
風にのってきたメアリー・ポピンズ	P. L. トラヴァース 作　林 容吉 訳	岩波書店
帰ってきたメアリー・ポピンズ	P. L. トラヴァース 作　林 容吉 訳	岩波書店
とびらをあけるメアリー・ポピンズ	P. L. トラヴァース 作　林 容吉 訳	岩波書店
公園のメアリー・ポピンズ	P. L. トラヴァース 作　林 容吉 訳	岩波書店
床下の小人たち	メアリー・ノートン 作　林 容吉 訳	岩波書店
野に出た小人たち	メアリー・ノートン 作　林 容吉 訳	岩波書店
川をくだる小人たち	メアリー・ノートン 作　林 容吉 訳	岩波書店
空をとぶ小人たち	メアリー・ノートン 作　林 容吉 訳	岩波書店
小人たちの新しい家	メアリー・ノートン 作　猪熊葉子 訳	岩波書店
ロビン・フッドのゆかいな冒険　1・2	ハワード・パイル 作　村山知義／村山亜土 訳	岩波書店
まぼろしの小さい犬	フィリパ・ピアス 作　猪熊葉子 訳	岩波書店
ナルニア国ものがたり(全7冊) ライオンと魔女	C. S. ルイス 作　瀬田貞二 訳	岩波書店
アーサー・ランサム全集（全12冊） ツバメ号とアマゾン号	アーサー・ランサム 作　岩田欣三・神宮輝夫 訳	岩波書店
ハヤ号セイ川をいく	フィリパ＝ピアス 作　E＝アーディゾーニ 絵　足沢良子 訳	講談社
太陽の戦士	ローズマリ・サトクリフ 作　猪熊葉子 訳	岩波書店
運命の騎士	ローズマリ・サトクリフ 作　猪熊葉子 訳	岩波書店
トム･ソーヤの冒険　上･下	マーク・トウェイン 作　石井桃子 訳	岩波書店
時の旅人	アリソン・アトリー 作　松野正子 訳	岩波書店
ギリシア神話	石井桃子 編・訳　富山妙子 画	のら書房
ギリシアの神々の物語	ロジャー・ランスリン・グリーン 山本まつよ 訳　矢野ゆたか 絵	子ども文庫の会

題　名	作　者	出版社
ホメーロスのイーリアス物語	バーバラ・レオニ・ピカード 作　高杉一郎 訳	岩波書店
ホメーロスのオデュッセイア物語	バーバラ・レオニ・ピカード 作　高杉一郎 訳	岩波書店
海底二万海里	J・ベルヌ 作　清水正和 訳　A・ド・ヌヴィル 画	福音館書店
探検と発掘シリーズ 1　マヤ	ジアン・パオロ・チェゼラーニ 文 ピエロ・ベントゥーラ 絵　狩野千秋 監修	評論社
探検と発掘シリーズ 2　ツタンカーメン	ジアン・パオロ・チェゼラーニ 文 ピエロ・ベントゥーラ 絵　吉村作治 監修	評論社
探検と発掘シリーズ 3　トロイア	ジアン・パオロ・チェゼラーニ 文 ピエロ・ベントゥーラ 絵　友部直 監修	評論社
探検と発掘シリーズ 4　クレタ	ジアン・パオロ・チェゼラーニ 文 ピエロ・ベントゥーラ 絵　友部直 監修	評論社
探検と発掘シリーズ 5　ポンペイ	ジアン・パオロ・チェゼラーニ 文 ピエロ・ベントゥーラ 絵　青柳正規 監修	評論社
探検と航海シリーズ　コロンブスの航海	ジアン・パオロ・チェゼラーニ 文 ピエロ・ベントゥーラ 絵　吉田悟郎 訳	評論社
探検と航海シリーズ　マルコ・ポーロの冒険	ジアン・パオロ・チェゼラーニ 文 ピエロ・ベントゥーラ 絵　吉田悟郎 訳	評論社
探検と航海シリーズ　クックの航海	ジアン・パオロ・チェゼラーニ 文 ピエロ・ベントゥーラ 絵　吉田悟郎 訳	評論社
探検と航海シリーズ　北極探検	ジアン・パオロ・チェゼラーニ 文 ピエロ・ベントゥーラ 絵　吉田悟郎 訳	評論社
探検と航海シリーズ　マゼランの航海	ジアン・パオロ・チェゼラーニ 文 ピエロ・ベントゥーラ 絵　吉田悟郎 訳	評論社
古代エジプトの物語　運命の王子	リーセ・マニケ 文／絵　大塚勇三 訳	岩波書店
古代エジプトの物語　ライオンとねずみ	リーセ・マニケ 文／絵　大塚勇三 訳	岩波書店
ピーターラビットの絵本（全 24 冊） ピーターラビットのおはなし	ビアトリクス・ポター 作・絵 いしいももこ／まさきるりこ／なかがわりえこ 訳	福音館書店

※　　　＝絵本　　※現在品切れ中の書籍も含まれております。図書館などで探してみてください。

童話屋にて、
お客さまとお話し中の惇子さん
（1981年頃）

向井惇子（むかいあつこ）

1931 年生まれ。ＮＨＫ函館放送局放送部でラジオのお話のお姉さんとして朗読を担当。結婚・出産・子育てを経て 1977 年に開店した東京・渋谷の書店「童話屋」、横浜の「たまプラーザ童話屋」で読書相談員として約 20 年働く。その後も絵本アドバイザーとして数多くの講演会や勉強会の講師を務める。2017 年逝去。

向井ゆか（むかいゆか）

自己紹介!「本屋で本格的に働いたら本領が発揮され、本読みもうまかった向井惇子の本物の娘。本来本質的に本が好き。本書の本文の編集とイラストを本気で担当」。現在、ニューヨーク在住。これ本当。

「どの絵本読んだらいいですか？」
元「童話屋」読書相談員・向井惇子講演録

2019 年 1 月 15 日　初版第 1 刷発行
2019 年 6 月 17 日　　　第 3 刷発行

編者　向井ゆか

編集協力　星 望・藤井幸子

発行者　竹村正治

発行所　株式会社 かもがわ出版
〒 602-8119　京都市上京区堀川通出水西入
TEL 075-432-2868　FAX 075-432-2869
振替　01010-5-12436
http://www.kamogawa.co.jp

印刷所　シナノ書籍印刷株式会社

ISBN978-4-7803-0999-7　C0095　Printed in Japan